詩と出会う
詩と生きる

若松英輔

NHK出版

詩と出会う　詩と生きる

目次

はじめに　言葉は心の糧

食物が身体の糧《かて》であるように、言葉は心の糧です。食べたものによって私たちの肉体が形成されていくように、私たちの心は言葉によって育てられます。ただ、身体の食べ物は、ある量を必要としますが、心の糧はどこまでも質的です。

このことを私たちは日々実感しているのではないでしょうか。小さな、ある意味では平凡な言葉を読み、あるいは声を掛けられるだけで、心が満たされることがあります。あいさつの一言、あるいは一首の和歌、あるいは一節の詩の言葉によっても、心の傷が癒される、そんな経験は、けっして珍しくないのではないでしょうか。

子どものうちは誰かが食べ物を与えてくれます。しかし、大人になれば、何らかの方法で自分と自分の大切な人を、自らの手で養わなくてはなりません。この点においても言葉は食べ物ととてもよく似ています。

あるときまでは与えられた言葉でよいのかもしれません。しかし、人生のある時期には、どうしても自分の手で糧をつむぎ出さなくてはならないことがあるようです。

この本を通じて、皆さんと広い意味での「詩」のはたらきをいっしょに考えることができたら、と願っています。

詩人だけが詩を書くのではありません。詩を書いた人を詩人と呼ぶのです。さらにいえば、人は誰も、自らの心の奥に内なる詩人と呼ぶべき存在を宿しています。詩を書くとは、この内なる詩人を目覚めさせることであり、詩を読むとは、世にある詩の言葉を内なる詩人が受けとめることだといえると思います。

もしかしたら、皆さんのなかには、これまではあまり詩を身近に感じることができなかった、という人もいるかもしれません。あるときまで私もそうでした。しかし、皆さんが本当に詩と縁がないのなら、そもそもこの文章を読んでいないのではないでしょうか。

詩を愛するには、多くの詩人を知る必要はありません。誤解を恐れずにいえば、一冊の詩集を読み切ることがなくても、一つの詩を本当に心で受けとめることができれば、詩との関係は生涯を貫くものになります。そして、その詩は、ほかの誰かの詩ではなく、自分の詩でもよいのです。

詩は読むだけではもったいないです。誰もが詩を書くことができます。書けないと感じているのは、書いていないからで、幾つかの失敗と幾ばくかの時間を準備してもらえれば詩は、書きたいと願うすべての人にとって人生の伴侶《はんりょ》になる。これは私の意見でも、理想でもありません。経験です。

かつて私も詩は読むだけでした。それもけっして熱心に読んでいたわけではありません。ほとんどの詩は深く味わうことができず、詩とは、分からないことを楽しむものである、とも思っていたくらいです。

しかし、ある日、どうしてそう思ったのか、今となってはよく分かりませんが、詩を味わうためには、詩を読んでいるだけでは十分ではないのかもしれない。書かねばならないのではないか、そう感じたのです。さらにいえば、もしかしたら、詩を深く味わいたいと感じるのは、詩が自分の中から生まれ出ようとしているからなのかもしれない、そう思ったのです。

とはいえ、どうやって詩を書いたらよいか分からない、そう感じている人も少なくないと思います。もちろん、私もそうでした。でも、ふとしたとき、ある素朴な問いが湧《わ》きあがってきたのです。
どう書いたらよいか分からない、と考えるということは、「こう書くべきだ」という方法があって、自分はそれを知らない、そう思い込んでいるからではないか。そして、あるときから問いが変わってきたのです。これから書こうとしている詩に「書くべき」法則、方法などあるだろうか。

詩に限りませんが、私たちの人生の旅は、答えらしきものに出会ったときよりも、真の問いに巡り会えたとき、始まるのではないでしょうか。

この本を通じて皆さんと深めていきたいのは「答え」ではなく「問い」です。さらにいえば「答え」を取りいれることに慎重でありたいのです。「答え」のあるところには詩は、現われにくいからです。

解答めいた「答え」には警戒しつつ、「問い」を深めること、それが詩と出会い、詩を生きることのように思います。

本論に入る前に詩を一篇紹介したいと思います。塔《とう》和《かず》子《こ》（一九二九〜二〇一三）という詩人が書いた「かずならぬ日に」と題する作品です。

杏子《あんず》の蕾《つぼみ》が少しふくらんで
桃の芽が少し赤くなって
チュウリップの葉が少しのびて
マーガレットの花が咲いて
真白い洗濯物が干されていて
その
まぶしい陽差しは
あなたの肩と私の膝に
幼児が投げた白い毬のように弾んで
思い出と
希望の谷間の深い無を
樹々と私達が飾るひと日
こんなにもふくよかに在って

どんな風に記憶するてだてもない
どの日よりも和やかに在らしめられた日
ごく在りふれた花のようでいて
香り高くあふれるものを
満たしていたひと日

杏子の蕾がすこしふくらんで
そう
この
かずならぬひと日と
このように対《む》き合うまで
私達は
いくつの日と

いくつの月と
いくつの年がいったことだろう
そして
最も豊かな日は
忘れ去られるために光ります

（『希望よ あなたに』）

日常生活の奥にたゆたう生きる意味を、これほど豊かに、また、じつに深い実感をもって描き出した作品をほかに知りません。塔和子に関しては、最終章で取り上げる永瀬《ながせ》清子《きよこ》を論じる際にもふれたいと思いますが、この詩に見られるように、本当の意味での日常語による詩の可能性を探究し、のちに続く私たちにも大きく道を開いてくれた人物でもあります。

「最も豊かな日」が、「忘れ去られるために光」るように、詩を書くとは、言葉を手放していくことなのかもしれません。無名であることを志向するのが詩歌の本性で、古来、和歌の世界で「よみ人しらず」となることが誇り高い行いとされるのも詩の本能に忠実である、ということへの畏敬なのだと思います。

また、詩を味わうとは、「どんな風に記憶するてだてもない」、「どの日よりも和やかに在らしめられた日」の奥に、言語ではとらえきることのできない意味のうごめきを感じようとすることだともいえます。それは、自らの心の奥にあるものを感じようとする営みであるだけでなく、他者、そして自然、さらには目に見えない存在との関係を確かめようとすることでもあるのです。

科学的見地、あるいは経済的価値が重んじられる現代において詩は、世界は目に見えるものだけでなく、目には映らないものによってつながっていることを教えてくれます。また、詩は、私たちが日々用いている言葉が秘めている力は、ときに生きる意味を見失いかけている人々の燈火《ともしび》にもなることをまざまざと感じさせてくれるように思います。

この本では、さまざまな時代、国、文化に根差した詩人たちの言葉を紹介します。開かれた時空のなかで、詩の意味と詩のちからを皆さんといっしょに考えてみたいと思います。

第1章 「詩」とは何か

岡倉天心と内なる詩人

意外に身近な「詩」の世界

詩集を買ったことがない人はいても、詩を読んだことのない人は少ないのではないでしょうか。私たちは気が付かないうちに、さまざまなところで詩にふれています。

教科書はもちろん、テレビやラジオから詩や和歌、俳句の一節が耳に入ってくることもあります。また、最近ではペットボトルのお茶を買うとラベルに川柳が印刷されていることもあります。もちろん、川柳も詩歌の一つです。

先日、お中元が届いたのですが、中身はおかきで、個包装の袋には書家の美しい文字で与謝蕪村《よさぶそん》の句が印刷されていました。おかきも大変おいしかったですが、その言葉をいっしょにいただいたような少し不思議な気分になりました。

詩であると意識しないで、詩を口ずさむこともあります。学校の校歌はその典型的なものです。「詩」を広くとらえれば、歌手が歌うものも詩です。

二〇一六年、ノーベル文学賞を歌手のボブ・ディランが受賞しました。彼は今も現役の歌手ですが、その言葉は、曲とは別な翼をもって世界を駆け巡り、時代に大きな影響を与えました。受賞にあたっては、そのことが評価されたということなのでしょう。

「詩」は、必ずしも詩人と名乗る人々によって生み出されているとは限りません。この本における「詩人」は、日ごろから詩を書いている人、あるいは詩集を出した人という意味だけではなく、広い意味での「詩」的作品を残している人々を指します。ですから、世にいう詩人以外の人たちが作った詩歌にもふれていきます。

考えてみれば当然なのですが、詩人によってのみ詩が作られるわけではありません。近代日本の歴史を見るだけでも、詩人として知られていない人々によって大変美しく、豊饒《ほうじょう》な詩の世界が切り拓《ひら》かれています。

ノーベル賞を受賞した物理学者湯川秀樹《ゆかわひでき》（一九〇七〜八一）は、たいへん優れた文章家ですが、和歌を詠む「詩人」でもありました。また、亡くなる数ヶ月前に不朽の名作を遺した市井の人もいます。このような視野で、日々の生活と詩の交わりをめぐって、皆さんと考えていきたいと思います。

詩を感じるために必要なこと

詩の生命は「詩情」です。「詩人」とは、詩を書いた人であるよりも、詩情を心に宿した者である、といった方が精確なのだと思います。

「詩情」が何であるかは、この本の全体を通じて考えていく大きなテーマですから、ここでは厳密に定義することはしません。今はひとまず、人間が接する、あるいは人間のうちに宿る、詩になることを求める「情」のはたらきとしておきましょう。

「情」は、「こころ」と読みます。それはもちろん心理学がいう意識や無意識を含みますが、個人の意識を超えたところまでを包含する、より広く深いものを示す言葉です。

深層心理学者のユング（一八七五〜一九六一）は、人は、自らの個人的無意識を有するだけでなく、普遍的無意識によって、広く、また、深く他者とつながっていると考えました。だからこそ、私たちは時代や文化を超えた詩に出会っても、こころを動かされることがあるのではないでしょうか。普遍的無意識は、詩のこころの源、詩情の淵源《えんげん》でもあります。

しかし、「詩」とは何か、「詩情」とは何かを考えすぎると、詩や詩情を感じづらくなってしまいます。もちろん定義は、ときにたいへん重要で、西洋の哲学は定義することによって始まり、その血脈は今も生きています。私たちもそれに助けられることが多々あります。しかしその反面で、言語化できるものに意味を限定しがちになる、という欠点もあります。

思想家の岡倉天心《おかくらてんしん》（一八六二〜一九一三）が、定義の弊害をめぐって次のように述べています。

定義は制限である。一片の雲、一輪の花の美は、それが意識されないまま、たなびき、花開くところにある。それと同じように、それぞれの時代の〔美術における〕傑作に潜む沈黙の雄弁もまた、必然的に真理の半面を伝えるに過ぎないあらゆる概説の言葉〔epitome〕よりも、よりよく自らの物語を語るに違いない。（『東洋の理想』筆者訳）

この一節がある『東洋の理想』は英語で書かれています。彼は生前、この本に加えて、『茶の本』、『日本の目覚め』と三冊の著作を世に送り出しましたが、すべて英語です。「筆者訳」となっているのはそのためです。

彼は、東京美術学校（現在の東京藝術大学）の実質的な創立者のひとりでもあります。この本で天心は、古代から現代までの日本美術の歴史を語り、そこに生きている美のはたらき、美のちからをまざまざと描き出しています。

当時、西洋の人々は、東洋について書かれた西洋人の文献によって、東洋を理解しようとしていました。そこでは東洋思想、東洋の美が、さまざまなかたちで「定義」され、概念化されていました。天心はそこに本当の東洋は存在しない。それぱかりか、西洋と東洋が真に出会うことはできない。東洋は西洋を、西洋は東洋を定義や概念を通じてではなく、直接的に知り、認識を深めなくてはならないと考えたのです。

一枚の絵、一体の仏像を見たときに、それに関する情報を手に入れ、それに基づいて見る。するとそのものに「ついて」詳しく知ることはできるが、そのもの自体「を」知ることはできないというのです。

詩の本質とは、何か「を」知ること

何かに「ついて」知ることと、何か「を」知ることは違います。さらにいえば、何かについての情報を知ることと、そのものの本質を感じ取ることはまったく異なる営みです。

このことの差は、自分が知られる側になってみるとよく分かります。

たとえば履歴書に書いてあることだけで自分が判断されたらどう感じるでしょうか。そこに記されているのはたしかに、自分をめぐる事実ですが、自分に「ついて」書かれたことで、自分の本質「を」めぐって記されたことではない。人生の大事は、履歴書に書くことのできないところにある。誰もがそう感じているのではないでしょうか。

詩は、そうした容易に言葉にすることのできないおもいをどうにか言葉で表現しようとする一つの挑《いど》みでもあります。むしろ、自分のなかに言葉になり得ない、しかし、見過ごすことができない何かが宿るとき人は、内なる詩人をよみがえらせる、といった方がよいかもしれません。

「定義は制限である」と天心が語るのは、人はしばしば何かに「ついて」知ることで、相手との交わりの扉を閉じてしまうことがあるからです。美にふれたいと願うなら、何かに「ついて」の方法を取るのではなく、何か「を」知る、何かと直《じ》かにふれあう道を進まなくてはならない、そう天心は警鐘を鳴らします。

同質のことは、天心が語った絵画や彫刻においてだけでなく、詩においてもいえます。詩は言葉の芸術にほかなりません。

この本では、詩や詩情、詩人について詳しくなるための時間ではなく、それらを身近に感じ、味わい、さらにはそれらとともに生きてみるという道行きを皆さんとともに探ってみたいと思います。

一人のために書かれた詩

さきほど天心にふれましたので、晩年の彼が愛するインドの女性に贈った詩をご紹介したいと思います。彼にとって詩は、愛する者にもっとも率直に、そしてたしかに、己《おの》れのおもいを伝えようとするときにつむがれた言葉でした。

次に引くのは「海辺の思い」と題する詩です。

私は見る、星を——わが北極星を。
私は知る、わが小舟の目指す岸辺を。
ああ、舵《かじ》は折れた、帆は裂けた。
私はひとり漂流する、暗い、黙《もく》した海。
夜の露か、はたまたわが涙か、
私の袖は重く濡れる。
おお、微風よ来たれ、高波よ、

私を導け、わが港へ、そしてそなたのもとへ！

（『宝石の声なる人に』大岡信編訳）

「わが小舟」とは、天心の肉体、「港」は女性を指しています。このとき天心はすでに病んでいました。女性のことをどんなにおもっても、からだを自由に動かすことができない。しかし、インドからも眺めることのできる北極星を見るとき、別のところで同じ星を見ているだろうこの女性とつながることができる、というのです。

「微風」と「波」は、この世界をあらしめている根源的なはたらきです。「人生の荒波」という表現があるように、生涯は、文化の差異をこえて海や波に喩《たと》えられます。また、さまざまな文化において「風」は、大いなるもののちからを示すものとして用いられました。そうした「海」、「波」、「風」に向かって、愛する者のもとへ導け、と天心は高らかに謳《うた》いあげるのです。

天心は、いわゆる詩集を残していません。先の言葉さえ、まったくの私信ですから、彼はこうして後世の私たちに読まれることなど想像すらしていなかったと思います。彼は自らのおもいを愛する人のために書いただけです。

同質のことは私たちにもできます。世に詩人として知られている人々の言葉は、多くの人のところに届くかもしれません。しかし詩は、一人の人に向かって書かれたとき、世に広く放たれたときのそれとは別種のちからを宿すのです。

三つの「よむ」

この本では、単に詩を目で追い、それを理解することだけでなく、詩を感じることを第一の目的にできればと考えています。

言葉は、「言の葉」というように、薬草ととても性質が似ています。それを見、それが何であるかを知るのも重要ですが、本当に必要な場合はそれを摂《と》りいれることが重要です。

詩も同じではないでしょうか。単に読むだけでなく、それを深く味わうためにいくつかのことをおすすめしたいと思うのです。

「よむ」という言葉には、三つの漢字を当てることができます。たとえば、歌の場合は次のようになります。

歌を「詠む」
歌を「読む」
歌を「誦む」

「詠む」は歌を作ることです。歌を「詠む」ことは「書く」ことでもあります。歌を「詠む」とき人は紙や短冊にそれを書き記します。

「読む」は、読書ですから、紙に書かれた、あるいは現代では印刷されたものを味わうことです。

そして「誦む」は、暗誦《あんしょう》という言葉があるように声に出して読み上げることです。

私たちは詩集を「読む」ことができます。しかし、詩集は、記された文字を追うだけでなく、その言葉を口に出して「誦む」こともできるのです。それだけでなく、私たちは詩を「詠む」、すなわち、「書く」人にもなれるのです。

私たちがつむぐべき言葉

ぜひ、詩を読み、味わうだけでなく、書くことをおすすめしたいのです。書くことをおすすめするのは、書くことによって人は、はじめて自分が何を考えていたかを知ることが少なくないからです。書いているときに、自分の予想を上まわるような言葉が出てくる、自分では思いもしなかったような言葉が自分の筆から現われてくる、そういう経験は、皆さんにも一度ならず、あるのではないでしょうか。

人は、自らの考えていることを書くこともできます。しかし、書くことによってはじめて自分が何を感じ、何を考えていたかを実感することも少なくない。そのなかでも詩を書くという行為は、心のありようを直かに感じ得る営みなのです。

詩は、うまく書く必要はありません。詩は、上手下手、優劣の世界を超えたところに私たちを導いてくれます。

むしろ、詩はうまく書こうとしない方がよい。うまく書こうとさえしなければ、その人自身の言葉で記され、読む人の心を動かすのです。

人が「うまい」と感じる文章は、つねに誰かが書いたものに似ています。私たちがつむがなくてはならないのは、誰かに似た、誰かが代わりに書けるようなものではありません。今、ここで、自分にしか書くことのできない何かなのです。

また、人は、誰かに読まれることがなくても書くことができます。なぜなら、自分自身が最初の、そしてもっとも重要な読者になるからです。

詩のノートを作る

もし、自身の作品をつむぐのが難しいと感じられた方は、自分が好きな詩をノートに書き写すだけでも構いません。それを繰り返しているうちに人は、先人の言葉に導かれ、必ず何かを書き始めます。

まず、おすすめしたいのは詩のノートを作ることです。そこに心を打たれた詩を書き写してもよいですし、自分の思いをエッセイにしてもよいのです。さらに自分の詩を書けたら素晴らしい、世界にただ一つの「詩集」になります。

「読む」と「書く」という二つの行為は、現代人が感じているよりもずっと近いものではないでしょうか。むしろ、それは二つの別々の行為であるよりも、あることを分かろうとするときに私たちが試みる行為の二つの側面なのではないでしょうか。それは呼吸のようなものであるようにも感じられます。

詩を読む、これは空気を吸うことです。詩を書く、これは吐くことです。これを繰り返しながら、ときに作品を声に出して読む。すると詩の世界の感じられ方は、本を目で読んでいるだけのときとはまるで変わったものになります。

しかし、日々の日常は忙しく、詩と向き合う時間もなく、その必要もあまり感じないという人も少なくないのではないでしょうか。ある時期までは、私もそうでした。しかし、振り返ってみると、詩が何であるかを充分に感じ直してみる前に、詩は自分には必要がないと信じ込んでいたように思われます。

詩の生命とは何か

詩に向き合うきっかけは、ある個人的な出来事と東日本大震災でした。人は、思うように生きられるとは限らない。二つの出来事はこの厳粛《げんしゅく》なる事実と向き合わざるを得ない経験になりました。

大震災のとき、多くの人が大切な人との突然の別れを経験しなくてはなりませんでした。大震災のような天災によってでなくても、病によって、あるいはさまざまな理由によって別れを経験しなくてはなりません。

いつまでも続くわけではないと分かっていながらも、終わりを告げるのは今日ではないと感じながら生きている。しかし世界は異なる現実を私たちに突きつけてきます。こうした世のありようを昔の人は「無常」と呼びました。

詩とは、世にあるさまざまな人、物、出来事、想念、そして象徴を扉にしながら、その奥にあるものにふれようとする営みである、ということもできる。「無常」を感じるとき、それは何ものかからの声ならぬ「声」による呼びかけに出会うときなのかもしれません。

祇園精舎《ぎおんしょうじゃ》の鐘の声、諸行無常の響きあり

（『平家物語』）

『平家物語』は、この一節から始まります。この作品は、平家の栄枯盛衰《えいこせいすい》を描き出した詩劇として読むことができます。事実、この物語は、文字として読まれることよりも、琵琶法師《びわほうし》によって歌われ、語られることによって広まっていきました。「声」という言葉が用いられています。この一語にも「音」もまた言語とは異なる姿で意味を語っているという当時の人々の世界観を感じることができます。

「祇園精舎」は釈迦《しゃか》が説法を行ったとされる場所です。そこで鳴らされる鐘には、すべては無常であるという響きがあるのだろう、というのです。

ここでの「鐘」は、必ずしもお寺によくある物としての鐘を意味しません。それは、この場所から発せられる「音」の象徴だと考えてよいと思います。無常を告げる心の鐘、その音を聞くとき、私たちは、この世は確かに「無常」かもしれないが、この世界の奥には「常」なるくに、昔の人が「常世《とこよ》のくに」と呼んだ地平があると感じるかもしれません。心の中で鳴る鐘の「声」、無常の「響き」は、目には見えず、耳にも聞こえません。しかし、この感覚を超えた何ものかこそが、詩のいのちでもあるのです。

人は、詩を必要としている

「詩」とは、言葉によって、容易に言葉たり得ないものを表現しようとする営みです。声ならぬ「声」、耳に届かない「響き」。わたくしは自分の身近な出来事と東日本大震災によってこれらに直面することになりました。別な言い方をすれば、それからの日々は、この「声」と「響き」を見失い、それを回復していくための歩みだったともいえるように思います。

もし、詩があってもなくてもよいものであれば、今日まで伝わることはなかったでしょう。詩が文学の、あるいは哲学の源泉であることは、日本のみならず、さまざまな文明の歴史が証《あか》ししてくれています。詩は、時代が、また一人の人間が困難に直面するとき、ほのかな、しかし、たしかな光となってきました。

そのはたらきの一端を、皆さんといっしょに味わうことができれば、と願っています。

第2章 かなしみの詩

中原中也が詠う「おもい」

『方丈記』の無常とは

先に『平家物語』に描き出された「無常」にふれましたが、「無常」は詩の本質となる表現です。「無常」という言葉が用いられていなくても、そのありようがさまざまと描き出されているものとしてよく知られているのが、鴨長明《かものちょうめい》（一一五五〜一二一六）の『方丈記』です。この随想は次の一節から始まります。

ゆく河のながれは絶えずして、しかも、もとの水にあらず。よどみに浮かぶうたかたは、かつ消え、かつむすびて、久しくとどまりたるためしなし。世の中にある人と栖《すみか》と、またかくのごとし。

川の流れは止まることなく、同じ「水」である、ということはない。淀みにうかぶ水の泡は生まれては消え、またほかの泡とつながって一瞬たりとも留まってはいない。現世に暮らす人、あるいはそのすみかもまた、同じである、というのです。

すべてのものは移りゆく、それが無常である、としばしばいわれます。しかし、『方丈記』を読んでいると、それだけでは終わらない何かがありそうです。先の一節には次の言葉が続きます。

所も変はらず、人も多かれど、いにしへ見し人は、二、三十人が中に、わづかに一人二人なり。朝《あした》に死に、夕《ゆうべ》に生まるるならひ、ただ水の泡にぞ似たりける。

知らず、生まれ死ぬる人、いづかたより来たりて、いづかたへか去る。

場所は同じで、人も多い、しかし、かつて見たことのある人は、二、三十人のなかでわずか一人か二人だ。朝に人が逝《い》き、同じ日の夕べには新しい命が生まれる。それは水の泡が生起するのに似ている。さて、生まれるものはどこから来て、逝くものはどこへ行くのだろうか、と作者はいいます。

ここで鴨長明が問題としているのは、すべてのものは儚《はかな》く消え去ってしまう、ということではありません。彼の眼はその先を見据えています。

万物は、いったいどこから来て、どこへ行くのか。今と永遠はどのようにつながっているのか、それが問題だ、というのです。鴨長明は、刻一刻と変わりゆく「無常」を見ながら、その彼方にある「常」すなわち、永遠なるものを観《み》ようとしています。

私たちは皆、無常なる世界に生きているのですが、その世界は「常」によって支えられている、ともいえます。見方を変えれば、無常なる世界の随所に、「常」なる世界の窓が開かれていることに長明は気が付いていています。

長明は和歌も詠みます。彼の歌は『新古今和歌集』に収められています。それだけでなく、彼にはじつに独創的な『無名抄《むみようしよう》』と題する歌論もあるのです。彼は『方丈記』を書いた随筆家だっただけではありません。詩のはたらきによって世界の深みにふれようとした人物だったのです。

「彼方の世界」への扉

先の『方丈記』の文章を読んで分かるように、無常を言葉によって表現することはできません。しかし言葉は、無常を感じさせる「象徴」をとらえることはできます。

ながむれば　ちぢにもの思ふ　月にまた　わが身ひとつの　峰《みね》の松風

『新古今和歌集』に収められた長明の歌です。

月を眺めていると
さまざまなことが　去来する
ああそこに
峰を越え吹きくる松風が
無常を感じさせる
（筆者訳）

和歌は五・七・五・七・七の五節からなります。これを先のように五行詩として現代語にすることもできます。詩人で批評家だった大岡信《おおおかまこと》（一九三一～二〇一七）が、『古今和歌集』と『新古今和歌集』の代表的な歌をこのように訳した著作があります（『古今集・新古今集』学研M文庫）。

この時代において「ながむ」とは、ものを見る、というだけでなく、彼方の世界を感じようとすることだった、と哲学者の井筒俊彦《いづつとしひこ》（一九一四～九三）が主著である『意識と本質』で書いています。

ここでの「月」は永遠の象徴です。「月」という言葉には月の光も含まれています。そして「峰を越え吹きくる松風」は、永遠の世界とこの世をつなぐものです。

象徴を読むことで人は、過ぎ行く無常と深く交わることができる。このことを長明はよく理解し、この歌を詠んでいます。「象徴」という言葉が少し難しく感じられる方は、彼方の世界を感じさせる「徴《しるし》」と考えてもよいと思います。

たとえば、長明のような人にとってそれは「風」であると感じられましたが、別の人にとっては「花」となる場合もあります。その典型が西行《さいぎょう》（一一一八〜九〇）です。

花みれば　そのいはれとは　なけれども　心のうちぞ　苦しかりける　（『山家集』）

桜の花を見ると、これといって理由はないのだが、心が締め付けられ、切ないおもいがする、というのです。

ここでの「花」は、目に見える植物の一種であると共に、悠久《ゆうきゅう》の世界への扉になっています。

「象徴」は比喩、喩えではありません。それは私たちを彼方の世界へと導く扉となるものです。象徴を単なる比喩であると感じてしまうのは、扉があるのに気が付きながら、それを開けないで通り過ぎるようなものなのです。

「彼方の世界」をのぞく

「扉」の存在に気が付くのも重要ですが、さらに大切なのは扉の奥をのぞいてみることではないでしょうか。その奥に広がる世界の「風」を感じてみることのように思います。その彼方の世界にあるものを、ここでは「実在」と呼ぶことにします。「実在」という言葉もあまり聞きなれないかもしれません。それは真実の存在、存在の真実の姿といった方がよいのかもしれません。真言宗の開祖空海《くうかい》（七七四〜八三五）はそれを表現するのに「深秘《じんぴ》」という言葉を用いました。

詩は、この世界に深みのあることを教えてくれます。言葉の意味が多層であるように、世界にもまた層があることを、さらにもう一つの世界とこの世界が分かち難《がた》くつながっていることを明らかにしてくれます。

彼方の世界といっても遥か遠くということではありません。空海にいわせればそれは、単に物理的に遠くの世界であるよりも「深み」にあるものなのです。

西行の「切なさ」と中原中也の「愁み」

先に見た歌で西行は、彼方の世界にふれたときの感情を「心苦しい」と表現していました。これは実際に苦痛を感じる、ということではありません。それは、言葉にし難い「切なさ」の表現になっています。それはこころの奥に眠る古い記憶を呼び覚まし、私たちに懐かしさを感じさせ、そして深い哀愁《あいしゆう》を感じさせるはたらきとして表現されています。

同質のものを近代の詩人中原中也《なかはらちゆうや》（一九〇七～三七）は「愁《かな》み」と表現しています。

柱も庭も乾いてゐる
今日は好い天気だ
　椽《えん》の下では蜘蛛《くも》の巣が
　心細さうに揺れてゐる

山では枯木も息を吐《つ》く
あゝ今日は好い天気だ
　路傍《みちばた》の草影が
　　あどけない愁《かなし》みをする

これが私の故里《ふるさと》だ
さやかに風も吹いてゐる
　心置なく泣かれよと
　年増婦《としま》の低い声もする

あゝ　おまへはなにをして来たのだと……
吹き来る風が私に云ふ

これは「帰郷」と題する作品で、第一詩集『山羊《やぎ》の歌』に収められています。中也は道端の草陰に「愁み」を感じ、そこに自らの永遠なる故郷ともいうべき場所を見出します。

どんな姿で帰ってきても、この場所は何もいわずに受けとめてくれる。誰にもいえない心の傷を負って帰っても、耳には聞こえない「声」で「心置なく泣かれよ」という声がする。そればかりか「あゝ　おまへはなにをして来たのだ」と静かに呼びかけてくれるもう一つの声に出会う、というのです。

この詩を中也の代表作と考える人は複数いて、彼の生地山口県の湯田《ゆだ》温泉にある詩碑にも「これが私の故里だ／さやかに風も吹いてゐる」「あゝ　おまへはなにをして来たのだと……／吹き来る風が私に云ふ」という一節が、親友でもあった批評家小林秀雄《こばやしひでお》（一九〇二〜八三）によって書かれた文字で刻まれています。

「かなしみ」が持つ五つの「おもい」

中也が生前に出した詩集は『山羊の歌』一冊だけでした。中也は生前、広く知られた、というにはほど遠い存在でした。しかし、ある人たちに「深く」読まれたのです。そしてその読者たちが、昭和の文学を牽引《けんいん》していったのです。
二冊目の詩集『在りし日の歌』が彼の遺作となりました。原稿を整理して、小林秀雄に手渡し、自分は故郷に戻ろうとしていたのですが、体調に急変をきたして、そのまま亡くなってしまうのです。
この詩集に「雪の賦《ふ》」と題する詩があります。そこで中也は「雪」と「かなしみ」が出会うとき、自分はこの世の深みにめぐりあう、と詠《うた》うのです。

雪が降るとこのわたくしには、人生が、
かなしくもうつくしいものに――
憂愁にみちたものに、思へるのであつた。

その雪は、中世の、暗いお城の塀にも降り、
大高源吾《おおたかげんご》の頃にも降つた……

幾多《あまた》々々の孤児の手は、
そのためにかじかんで、
都会の夕べはそのために十分悲しくあつたのだ。

ロシアの田舎の別荘の、
矢来《やらい》の彼方に見る雪は、
うんざりする程永遠で、

雪の降る日は高貴の夫人も、
ちつとは愚痴でもあらうと思はれ……

雪が降るとこのわたくしには、人生が

かなしくもうつくしいものに――
憂愁にみちたものに、思へるのであつた。

西行にとっての「花」は、この中也の詩においては「雪」です。彼にとって「雪」は過去、そして永遠の世界への入口になっています。

先の詩のなかにあった「大高源吾」は赤穂浪士《あこうろうし》四十七士のうちの一人です。忠臣蔵の討ち入りの場面では雪が降っていた。

また、数行先では「雪」は、孤児の手を寒さで赤く染め、ロシアの田舎に降る雪は「うんざりする程永遠」だとも詠っています。

さらに中也は、雪が降ると自分の人生は「かなしく」「うつくしいもの」さらには「憂愁にみちたもの」に感じられるといいます。

「かなし」という言葉は、むかし、「悲し」「哀し」だけでなく「愛し」「美し」と書いても「かなし」と読みました。中也はこのことを知り、また深く感じ、さらにそこに「愁し」という表現を加えました。

「かなしみ」とは、単に悲痛の体験であるだけでなく、それは「哀れ」という感情を呼び覚ます。さらに「かなしみ」とは、愛するものとの別離を経験したときに生まれるおもいで、それは「美しく」もある。

「悲」「哀」「愛」「美」そして「愁」という五つの「かなしみ」があるのではありません。「かなしみ」という感情は、いつもこの五つの「おもい」の色彩によって彩られていると考えるべきなのでしょう。

「詩情」と出会うには

『在りし日の歌』には「言葉なき歌」と題する詩があって、そこで中也は、「詩情」はどこからやって来るのかを詠います。次の詩で「あれ」と呼ばれているものは、彼が感じている詩の源泉、「詩情」として読むことができると思います。

あれはとほいい処《ところ》にあるのだけれど
おれは此処《ここ》で待つてゐなくてはならない

此処は空気もかすかで蒼《あお》く
葱《ねぎ》の根のやうに仄《ほの》かに淡い

決して急いではならない
此処で十分待つてゐなければならない
処女《むすめ》の眼のやうに遥かを見遣《みや》つてはならない
たしかに此処で待つてゐればよい

それにしてもあれはとほいい彼方で夕陽にけぶつてゐた
号笛《フイトル》の音《ね》のやうに太くて繊弱《せんじやく》だつた
けれどもその方へ駆け出してはならない
たしかに此処で待つてゐなければならない

さうすればそのうち喘《あえ》ぎも平静に復し
たしかにあすこまでゆけるに違ひない
しかしあれは煙突の煙のやうに
とほくとほく　いつまでも茜《あかね》の空にたなびいてゐた

ここでの「とほく（遠く）」とは、距離的に離れていることを指しているのではありません。「量的」に離れているのではなく、「質的」に「とおい」というのです。鴨長明の歌にあった「ながむ」べき世界のことです。

人が亡くなって「とおく」の世界に行く。そのときの「とおい」とは、数量的に計測できる距離を指していない。それは「とおく」て「ちかい」場所だともいえる。しかし、そこにこちらから近づくことはできない。

ここで中也は「彼方」という言葉を用いています。そうした場所を仏教では「彼岸《ひがん》」と呼びます。

彼方の世界から訪れるものに本当に出会いたいと思うなら、人は待たなくてはならない。中也も「おれは此処で待つてゐなくてはならない」といいます。

詩情と出会おうと思うのなら、人はけっして急いではならない、じっと待っていなくてはならないことをこの詩は教えてくれています。詩情との遭遇において「待つ」ということはじつに積極的かつ本質的な営みだというのです。

ここで中也は、詩情を煙突から出る煙のようなものだといっています。それは「とおく」にあって、手にふれることはできないが、たしかに存在するもので、人はそれを所有することはできないが、心ではそれがたなびく光景を深く感じとることができる。それは、どんなことをしてもとらえることはできない。しかし「言葉」によってそれが顕《けん》現《げん》した瞬間を文字でこの世に刻むことができる、というのです。

詩とは、過ぎ去るさまざまなものを、言葉という舟で、永遠の世界に運ぼうとする試みだといえるのかもしれません。

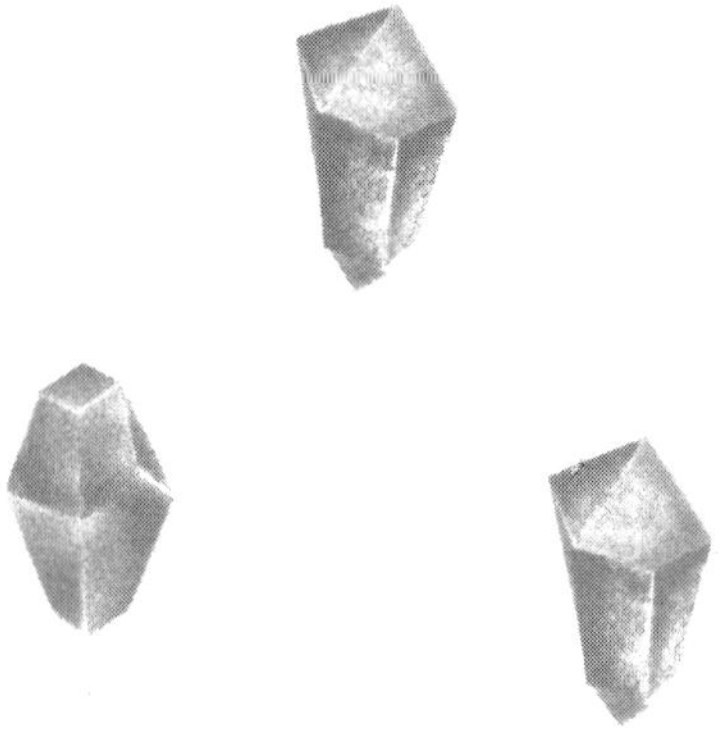

第3章 和歌という「詩」 亡き人へ送る手紙

亡き者へ贈る歌

万葉の時代、和歌は亡き者を悼《いた》む挽歌《ばんか》に始まりました。悲痛なおもいを、声にならない呻《うめ》きを、どうにか亡き者に届けようとしたところに歌が始まったのです。挽歌は次第に情愛を伝える相聞歌《そうもんか》になっていきます。

和歌は、生者のおもいを吐露《とろ》し、そのおもいを伝える「手紙」でもありましたが、それに留まらず、亡き者たちへの手紙でもありました。こうしたおもいは、平安時代の『古今和歌集』には、いっそう切々と詠い上げられるようになります。

『古今和歌集』は、全二十巻から成り立っていますが、そのなかの一つに「哀傷歌《あいしょうか》」と題するものがあります。そこにはつぎのような歌があります。

血の涙　落ちてぞたぎつ　白川は　君が世までの　名にこそありけれ
（素性法師）

「白川」という異名もある三途《さんず》の河に、私の血の涙がこぼれ落ち、河は沸《わ》き立ち、真っ赤に染まったからにはもう、白川と呼ぶことはできないだろう、というのです。

ここでの「血」は、強烈な「赤」を示す言葉でもありますが、純粋なものの象徴でもあります。漢字学者白川静《しらかわしずか》(一九一〇～二〇〇六)が作った辞書『字通《じつう》』には、「血」という言葉には次のような意味があると記されています。

一、ち、ちぬる。
二、泣血《きゆうけつ》は、声を立てずに泣く。
三、うれえる、かなしむ。

「血」は、血液を指すだけでなく、深い悲しみの象徴だというのです。

先の歌の「血の涙」も、「耐え難い悲しみによってこぼれ落ちた涙」と訳することができると思います。「血」は「赤」を想起させます。「赤」は熾烈《しれつ》な感情を示す色でもありますが、「赤心《せきしん》」という表現があるようにそれは誠実なもの、浄められたものを指す言葉でもあります。「血の涙」は、純潔の涙でもあることが分かります。

ここでの「君」は、大切におもう人――実際には藤原良房《ふじわらのよしふさ》――という意味ですが、その人物はすでにこの世にいません。歌の作者である素性《そせい》法師はそれでもなお、その人に向かって切々と歌を詠むのです。亡き者に言葉を贈ろうとしているのです。

この秀歌を味わうのも大切ですが、この時代の人と言葉との関係、「言葉観」を感じてみることも大変重要です。この時代の人たちにとって言葉は、内心のおもいを表現するためだけのものではなく、亡き人へのこの上ない供物《くもつ》でもあったのです。

言葉の奥にある悲しみ

もう一つ、とても印象的な別れの歌があります。夫が仕事で遠くにあるとき、妻は病に襲われ亡くなろうとしている。そんなときに詠まれた歌です。

妻は離れた夫に向かって、こう詠います。

声をだに　聞かで別るる　魂《たま》よりも　亡き床《とこ》に寝む　君ぞかなしき　（よみ人しらず）

あなたの声を聞くことができずに逝こうとしている私よりも、私が逝ったあと、夜、独りで寝るあなたの悲しみの方がよほど耐え難いでしょうね、というのです。

これは妻の遺言だといってよいと思います。しかし、これは特定の誰かの歌であるよりも、この時代、さまざまなところでこうしたおもいを宿しながらも、言葉を発することなく亡くなっていかねばならなかった女性たちのおもいを詠ったものなのです。

この時代の歌人は、自分のおもいを歌にするだけでなく、人々の心にあって歌になるのを待っている出来事を引き受ける役割を担っていました。

昔、まだ、文字を書けない人が多くいるとき、手紙を代筆することを職業にしている人がいました。歌人も同質の役割を担っていたのです。当然のことながら、文字を書けない人にも詠むべき歌は宿るのです。この歌が「よみ人しらず」となっているのもそうした経緯を経て生まれてきたからかもしれません。

「哀傷歌」には、別の次のような「よみ人しらず」の歌も収められています。

なき人の　宿にかよはば　ほととぎす　かけて音にのみ　なくと告げなむ

ほととぎすよ、もし亡き人の家に行くのなら、おまえと同じく私も、あの人のことを心におもい、声に出して泣いてばかりいると伝えておくれ、というのです。

万葉の時代から和歌の世界における「ほととぎす」は、ときに、この世とあの世である彼岸をつなぐものとして詠われています。日本だけではなく東洋で鳥は、生者と死者をつなぐ使者であると信じられていました。

この歌の作者は「音にのみ」――声に出して――泣いているといいます。しかし、私たちがこの歌から感じるのは、慟哭《どうこく》の光景と共に号泣の果てに涙を涸《か》らせた人の姿ではないでしょうか。

声に出して哭《な》いている、と言葉にすることで、さらにその先にある、声にならない悲しみの姿を読む者の心に浮かびあがらせようとしているようにも感じられます。のちにふれますが、宮澤賢治《みやざわけんじ》はそれを「無声《むせい》慟哭」、声なき慟哭という詩に歌いあげたのです。

心の涙をみつめる

本当に苦しいとき、人は自分の心情をそのままに語ることはありません。耐え難い苦しみにあるとき、信頼する人から「大丈夫?」と声をかけられる。すると私たちはしばしば「うん、ちょっと大変……」と答えることがあります。「すごく大変!」とはいわずに、少し大変だという。しかし、その声を聞いた人は、相手が大きな試練に直面していることに気が付きます。

『武士道』の著者新渡戸稲造《にとべいなぞう》(一八六二~一九三三)は、こうした日本人の特性を記しています。

日本の友人をばその最も深き苦しみの時に訪問せよ、彼は赤き眼濡《ぬ》れたる頬《ほお》にも笑いを浮べて常に変《かわ》らず君を迎えるであろう。（矢内原忠雄訳）

友が、もっとも耐え難い人生の試練に直面するとき、その人物のもとを訪れてみるとよい。彼、もしくは彼女は、赤い眼と涙でぬれた頬に、いつもと変わらず微笑みをたたえてあなたを迎えるだろう、というのです。

こうした日本人の特性を踏まえながら先に引いた「よみ人しらず」の歌で「音にのみなくと告げなむ」という言葉を感じ直してみると、言葉の奥に語られざる姿が見えてくるようです。

大切な人を喪《うしな》い、慟哭していたこの人物も、しばらく経つと声を上げて号泣することはなくなる。しかし、声にならない「声」を上げ、呻きのなかで日々を送っている姿が髣髴《ほうふつ》としてきます。その心には、見えない涙が流れている様子さえ、まざまざと観えてくるようにも思われます。

日本的美意識の確立

越知保夫《おちやすお》（一九一一～六一）という批評家がいます。生涯に一冊の本も出すことなく亡くなった人物ですが、その言葉は没後、五十余年を経た今も読まれ続けています。彼に「好色と花」と題する『古今和歌集』を論じた作品があります。そこで彼は、この和歌集の登場は日本文学史における、もっとも重要な出来事だったのではないかと指摘しています。

こういう見方が一般に認められるかどうかわからぬが――古今集の成立は日本文学史に於《お》ける最も重要な出来事ではないかというのが私がひそかに考えているところなのである。

（『新版 小林秀雄』）

ここでの「出来事」は「事件」という言葉に置き換えてもよいのかもしれません。越知も敬愛していた小林秀雄は、フランスの詩人アルチュール・ランボー（一八五四～九一）との出会いをめぐって次のように書いています。

少くとも、自分にとっては、或《あ》る思想、或る観念、いや一つの言葉さえ現実の事件である、と、はじめて教えてくれたのは、ランボオだった様にも思われる。

（「ランボオⅢ」）

もちろん、優れた小林秀雄論の作者でもあった越知も、この一節を知っています。小林がランボーによって詩の眼を開かれたように、越知は『古今和歌集』によってその眼に新しい光を感じたのです。それは自分だけでなく日本人の美意識の伝統を貫くものとなっているのではないかというのです。同じ一文で彼はこう語っています。

古今集に於《お》いてはじめて日本人の美意識の普遍的様式、一口にいって日本的形式ともいうべきものが確立された。和歌の上では万葉調に対して古今調というふうに言われているが、これは何々調などと言われるものではない。人間と自然と表現（ことば）との間に、普遍的な親密な調和が形成されたことを意味する。

『古今和歌集』の出現によって日本人は、人間、自然、ことばという関係のなかにこれまでにない調和を生み出すことができるようになったというのです。

この指摘は、今、さまざまな点で学問的にも説かれています。越知が指摘するように、この和歌集の成立によって人間にとっての自然（世界）は、対峙する対象ではなく、互いに呼びかけ合う関係に変化してきたのです。

私たちが四季を感じる心もそのうちの一つです。この和歌集は歌を季節によって分けて編纂《へんさん》されています。これは『万葉集』とは、まったく異なる季節観です。

春の歌のなかには次のような一首があります。

鶯《うぐいす》の　谷より出づる　声なくは　春来ることを　誰か知らまし

作者は大江千里《おおえのちさと》（生没年不詳）です。鶯が、人里離れた谷から出てきて、その鳴く声が届かなければ、春の到来をどうやって知ることができるだろう、というのです。

こうした歌によって鶯は季節の到来を告げる天からの使者となり、私たちは「鶯」という言葉を扉にして、春のうごめきを感じることができるようになったのです。言葉は、世界を「表現」するだけではありません。それを「意味づける」はたらきを持つのです。さらにいえば、私たちは言葉によって分節された世界を生きているのです。

さらに現代人である私たちは、ここでの「春」を季節の一つとして読むだけでなく、心身が新生する内なる季節を象徴する言葉として読むこともできると思います。

ある出来事が、私たちに内なる「春」を告げ知らせる、ということがあります。このとき「鶯」は言葉としては鳥の一種ですが、稀有《けう》なるよろこびの知らせの象徴になるのです。

心のうちで育つ言葉

『古今和歌集』の最初に「仮名序《かなじょ》」と呼ばれる文章があります。かな文字交じりで書かれた序文ということです。紀貫之《きのつらゆき》（八六八？〜九四五）は、その作者であり、稀代《きたい》の歌人でもあります。

かな文字交じりは今日では当たり前のことですが、『万葉集』の歌も、もともとは、万葉仮名という独特の漢字仮名で記されていました。また、当時、詩といえばおもに「漢詩」を意味していたのです。

『古今和歌集』は、日本で最初の勅撰《ちょくせん》和歌集です。国として編纂した最初の歌集です。そこで「かな文字」による和歌が、正式に認められたのです。このことは、ほとんど言葉の革命といってよいような出来事でした。その「新しい」歌を貫之は「やまとうた」と呼びます。

「仮名序」の最初は、次の一節からはじまります。そこで貫之は、「歌」とは何か、すなわち「詩」とは何であるかを語り始めます。

やまとうたは、人の心を種として、よろづの言《こと》の葉とぞなれりける。

「やまとうた」は「倭歌」、あるいは「大和歌」とも書きます。歌は人間のこころにあるものが種子となり、樹木となって生い茂る「言の葉」のようなものだというのです。

ここで種子と葉が対応しているのを見過ごすことはできません。「言」は「事（出来事・事象）」です。ある出来事が種子となり、それが心のうちで育ち、ある日、木に葉がなるように歌に結実するというのです。種子と葉になぞらえられた表現は、人は誰もが心に内なる詩人を秘めているということを物語っているようにも感じられます。

言葉にならない「コトバ」

絵を描くことがなくても、私たちが絵を見て感動するのは、内なる画家が生きているからではないでしょうか。同じことは音楽をめぐってもいうことができ、あらゆる芸術にいい得るように思います。歌を詠まずとも、歌を読むことで人は、自らのうちに歌人（詩人）が生きていることに気が付くはずだと貫之は考えていたのです。

先の一節には次の言葉が続きます。

世の中にある人、ことわざしげきものなれば、心に思ふことを、見るもの聞くものにつけて言ひ出《いだ》せるなり。花に鳴く鶯、水に住むかはづの声を聞けば、生きとし生けるもの、いづれか歌をよまざりける。

「しげきもの」は「繁きもの」で、種子と葉に懸《かか》っています。人は、日々、さまざまな出来事を生きているので、思い、見て、聞くことを歌に詠う。それと同じく花に鳴く鶯や川に暮らす蛙《かえる》の声を聞く。そうすると、この世に生きとし生けるものすべてが歌を詠んでいるように感じられる、というのです。

ここでの「かはづの声」も単に、生物としての蛙の鳴き声を指すだけではありません。そこには目に見えない、人間が用いる言語にならない何かがある。人間には語られているすべてを理解することはできないが、世界は言語を超えたもう一つの「コトバ」で満ちている。そしてそれらはすべて歌（詩）に変貌《へんぼう》する可能性を有しているというのです。「コトバ」、それは言語の姿をしていない、もう一つの見えない「言葉」です。この一語を自身の哲学の中核に据えたのが、先にふれた井筒俊彦です。

彼がいう「コトバ」は、非言語的な意味の顕《あら》われです。井筒は、沈黙も巨大なエネルギーをたたえたコトバだと考えました。貫之も、世界には人間が言葉で詠う歌と、万物がコトバによって語るもう一つの「歌」があるというのです。

日常生活で私たちは、さまざまなところでコトバにふれています。身ぶり、手ぶり、行動、祈り、あるいは沈黙もまた、豊かな意味をもった非言語的なコトバです。

あることをあえていわないことで、よりいっそう強く相手の胸に思いを届けようとする、そんな経験は誰にもあるのではないでしょうか。詩は、そうした私たちの心の奥にあって、容易に言葉になろうとしないものが開花したものでもあるのです。

第４章　俳句という「詩」　正岡子規が求めた言葉

正岡子規の和歌批判

明治に至るまで長い間、和歌の世界は『古今和歌集』を重要な柱として牽引されてきました。しかし、正岡子規《まさおかしき》（一八六七〜一九〇二）がその世界観を一変させます。彼は『古今和歌集』の価値観を否定するだけでなく、和歌そのものを否定するような過激な発言を繰り返します。その代表的な著作が『歌よみに与ふる書』です。そこで子規は同時代の歌人の姿にふれ、次のように述べています。

歌よみの如《ごと》く馬鹿な、のんきなものは、またと無之候《これなきそうろう》。歌よみのいふ事を聞き候へば和歌ほど善き者は他になき由《よし》いつでも誇り申候へども、歌よみは歌より外の者は何も知らぬ故に、歌が一番善きやうに自惚《うぬぼれ》候次第に有之《これあり》候。

現代語訳するのもはばかられるほどの歌人批判です。「歌よみの如く馬鹿な、のんきなものは、またと無之候」という一行をみるだけでも彼の語気が並々ならぬ強さを持っているのは明らかです。

「歌よみ（歌詠み）」たちがいう通りなら、和歌ほどよいものはない、ということにな

る。しかし、歌詠みは歌のことしか知らない。だから、歌が一番よいとうぬぼれている
に過ぎない、というのです。

子規の言葉の重み

現代の歌人のなかにはこの言葉をそのままに受けて、子規を嫌う人もいます。しかし子規自身もまた「歌よみ」のひとりでした。彼の言葉を読むとき、この事実は見過ごしてはなりません。先のような批判は、自身の胸を突き破るようにして世に送られたのです。続けて子規の、紀貫之と『古今和歌集』批判の言葉を読んでみましょう。

貫之は下手な歌よみにて『古今集』はくだらぬ集に有之候。その貫之や『古今集』を崇拝《すうはい》するは誠に気の知れぬことなどと申すものの、実はかく申す生も数年前までは『古今集』崇拝の一人にて候ひしかば、今日世人が『古今集』を崇拝する気味合《きみあい》は能《よ》く存申候。崇拝してゐる間は誠に歌といふものは優美にて『古今集』は殊《こと》にその粋を抜きたる者とのみ存候ひしも、三年の恋一朝《こいいっちょう》にさめて見れば、あんな意気地《いくじ》のない女に今までばかされてをつた事かと、くやしくも腹立たしく相成候。

子規は、貫之は歌人としての技量に欠け、『古今和歌集』はくだらない、と言い放ちます。さらに貫之や『古今和歌集』を崇拝している者の気が知れない、と言葉を重ねます。

しかし、問題はここからの一文です。「実はかく申す生も数年前までは『古今集』崇拝の一人にて候ひしかば、今日世人が『古今集』を崇拝する気味合は能く存申候」、実は、そういう自分も数年前までは『古今和歌集』を崇拝していたひとりだった。だから、今日、世の人が『古今和歌集』を崇拝している気持ちもよく分かる、というのです。

子規の和歌批判を拒む人は、この一節をよく味わってみるとよいと思います。子規は、文字通り『古今和歌集』に没頭した時期がある。子規はとても熱い心の持ち主です。彼の没頭は並々ならぬものでした。彼はそれを「崇拝」という言葉で表現しています。

崇拝している間は、歌というものは誠に優美なもので、『古今和歌集』は、その粋を極めたものだと信じていた。しかし、ある日、その「恋」が冷めて、あれほど意気地のない女に今まで愚弄《ぐろう》されていたかと思うと、くやしくて腹立たしく思う気持ちを抑えきれない、というのです。

ここで子規は、自分の『古今和歌集』への思いを「恋」という言葉で表現しています。

そして自分は今、その迷いから覚めたという。

彼は『古今和歌集』をなんとなく好んでいたのではありません。恋する女性に男性がわが身をささげるようにそれを愛し、騎士が愛する女性をおもうように「崇拝」すらしていたというのです。

現代の私たちから見ると、和歌を崇拝するという表現は大げさなものに映るかもしれません。しかし、子規や彼の同時代の人にとって、「言葉」は単に人間のおもいを表現する記号ではありませんでした。それは、人間と人間を超えたものをつなぐ、生きた何ものかだったのです。

俳句という「道」

子規の弟子で河東碧梧桐《かわひがしへきごとう》（一八七三〜一九三七）という人物がいます。彼は『子規を語る』と題する優れた子規論であり、血の通った子規の回想録でもある著作を残しています。そこで碧梧桐は、子規一門のことを「子規宗《しきしゅう》」という言葉で語っているのです。

「月並《つきなみ》」という言葉はかつて、「月次の」という頻度《ひんど》を表現する言葉でしたが、子規たちによってそれが今日用いるような意味になってきた、と碧梧桐は語りながら、こう述べています。

この言葉〔「月並」〕が、その後子規の俳句に帰依《きえ》する人々の間に伝播《でんぱ》し、更に社会一般に押しひろげられて、明治の新語として迎えられる確定的のものとなった。ただ一語の「月並」ではある、が、その伝播性はやがて子規の人格芸術、言いかえれば子規宗そのものの社会への浸潤性《しんじゅんせい》を標識するものと言ってもいいのだ。

碧梧桐は、子規の俳句に傾倒する、というのではなく「帰依」という表現を用いています。彼らにとって俳句は、十七文字で表現する詩歌の一種の趣味に留まらないものだったことはこの一語にも明らかです。それは全身全霊を注いで行うべきものであり、「信じる」べき道でもありました。

また、弟子である碧梧桐にそこまでいわしめる何かが子規という人物によって体現されていたことも見過ごしてはならないと思います。

「道」という言葉には、生きてみてはじめてそれが何であるかが分かる、という語感があります。神道という言葉があります。現代は仏教といいますが、もともとは「仏道」

といいました。「道」は、今日でいう宗教に限りなく近いものだと思ってよいと思います。彼らはその「道」に、ほとんど宗教的といってよいほどの熱情をささげました。俳句を詠むことで自己と世界の奥義を体得しようとしたのです。

ここでは多くふれませんが、子規の血脈を継いだ歌人島木赤彦《しまきあかひこ》（一八七六〜一九二六）は、『万葉集』という「大道を礼拝する」（『歌道小見』）とすらいうようになります。

しかし、この「道」には体系だった教義も、教典もなく、教祖もいません。

彼らは『万葉集』を重んじますが、何よりも重く見たのは万葉の精神です。万葉の「道」です。

子規は大変に魅力的な人物だったようですが、碧梧桐も彼を崇拝しているのではなく、深く愛している、敬愛しているという心持ちで先の本を書いています。強いていえば、碧梧桐たちが崇《あが》めたのは、子規によって開かれた「俳句」という十七文字の言葉の「道」だったのです。

幸福を信じ切れない子規

子規は、特定の宗派的な宗教を信じていたわけではありません。むしろ、宗教には懐疑的でした。自身の著書『墨汁一滴《ぼくじゅういってき》』のなかで子規は、「永遠の幸福」を説いて、しきりにキリスト教への改宗をすすめる人物をめぐって次のように述べています。

奈何《いかん》せん余《よ》が現在の苦痛余り劇《はげ》しくして未だ永遠の幸福を謀《はか》るに暇《いとま》あらず。願くは神先《ま》づ余に一日の間《ひま》を与へて二十四時の間《あいだ》自由に身を動かしたらふく食を貪《むさぼ》らしめよ。而《しこう》して後に徐《おもむ》ろに永遠の幸福を考へ見んか。

からだを襲う苦痛があまりに激しく、今は永遠の幸福を考える余裕がない。神よ、願わくば、一日二十四時間、この痛みを取り去り、自由にからだを動かし、たらふく食事をとらせてほしい。もし、その願いがかなえば、永遠の幸福とは何かを考えてみよう、というのです。

この言葉をそのままに受け取ってはならないでしょう。子規は「神」を愚弄《ぐろう》しているのではないのです。ただ、彼は「永遠の幸福」という人間が考えた想念を信じることはできない、といい、今自分は、一瞬たりとも離れることのない痛みを生きるので精いっぱいだと述べているだけです。

こうした人物の生きる姿に人々が、「子規宗」という表現を生むような何かを感じていたのはとても重要なことのように思われます。そこにあるのは「語られた宗教」ではなく「生きられた霊性」だといってもよいのかもしれません。

ここでの「霊性」とは、さまざまな宗教の根源にあって、人間が人間を超えた、大いなるものを渇望するはたらきのことです。子規は「宗教」の人ではなかった。しかし、傑出した「霊性」の人でした。

世界の本質を見極める「写生」

かつて俳句は「俳諧《はいかい》」といいました。人々は集って、それぞれの俳句を交わらせて一つの場を作ることに喜びを感じていました。しかし、子規以降の俳句は、その姿を個による求道といってよいものへと変貌させていきます。

それは詩情に裏打ちされた言葉によって世界の本質を見極め、そのことによって己れの深みを知る一つの道になっていったのです。

その道程《どうてい》で子規が重要視したのは「写実」あるいは「写生」という考え方でした。彼が『古今和歌集』を認めずに『万葉集』の歌人を、さらにその血脈を継いだ源《みなもとの》実朝《さねとも》を高く評価するのは、彼らが「写実／写生」の実践者だったからです。

子規における「写実／写生」とは何かを考えるのは、大変に大きな問題なのですが、先の碧梧桐の書物にある言葉を頼りに考えを進めてみたいと思います。

碧梧桐は「写生」という言葉は、絵画の世界と深い関係にある――子規は画家中村不折《なかむらふせつ》との交わりからこの言葉に着目しました――と述べ、こう語っています。

写生という簡単な言葉は、時と場合によっていろんな意味を持っていた。俳句が芭蕉の幽玄味《ゆうげんみ》を曲解して、浅薄《せんぱく》な主観に拘束されたがために月並に堕《だ》して往《い》ったその反動としての写生は、主観化に対する客観化を意味していた。江戸文学が文字の遊戯に没頭して、真の事相に徹しようとしない上すべりな洒落《しゃれ》や皮肉への反動としての写生は、ウヰット〔ウィット〕に対する真実性を主張していた。

この一文は子規における写実の本質をよく伝えています。

松尾芭蕉《まつおばしょう》（一六四四～九四）以降の俳人は、先人がいう「幽玄」を曲解した、と碧梧桐はいいます。芭蕉にとって「幽玄」とは、さまざまな「無常」なもの――過ぎ行くもの——の奥にある「常」なるもの——永遠なるもの——を指していました。

人間は「幽玄」を作り出すことはできません。可能なのは、それに出会い、それを発見することだけです。しかし、いつからか人は、それを作り出せるものだと感じるようになった。

それを碧梧桐は「幽玄」を「主観化」したというのです。子規のいう「写実」は、「幽玄」を創作する次元から「発見」する次元へと立ち返らせた。それを碧梧桐は「客観化」という言葉で表現しています。

俳句が描く真実

さらに江戸時代になると俳句は、言葉の「遊戯」になり、人々はそこに「ウィット」を表現しようとしました。しかし、自分たちは俳句を通じて「真の事相」を、この世の「真実性」を表現してみたいと思ったというのです。さらに碧梧桐はこう続けています。

写生に立脚する批判の意味は技巧に対する内容論であった。一般的なヒューマニティを甘い卑俗《ひぞく》なアイデアリズム〔観念主義〕として軽蔑《けいべつ》し、超人間的な解脱《げだつ》と悟入《ごにゅう》を現実に求めようとしたリアリスト〔現実主義者〕としての写生観は、芸術の情趣《じょうしゅ》化《か》に対する思想化でもあった。

人はいつからか俳句を「うまく」作ることに躍起《やっき》になって「内容」を深めることを忘れた。写実に裏打ちされた新たな俳句は、内容の優位を説く。さらにそれは、この時代の文学の潮流となった世にいう人道主義《ヒューマニズム》的な観念論ではなく、あくまでも「現実的」でありつつ、人間の限界を超え、悟りの世界を希求する者たちの思想運動でもあった、というのです。

この時代の「思想」という言葉は、現代よりもずっと重要な意味を持っていました。子規の親友だった夏目漱石《なつめそうせき》（一八六七〜一九一六）の『こころ』の「先生」は自分のことを「思想家」だと言っています。

「先生」は本を書いたわけではありません。彼にとって「思想」とは、一個の人間がその全生涯をもって証しする言葉を超えた叡知《えいち》の結晶というほどの意味です。「子規宗」の人々にとって「写実」は、技巧の道ではなく、人間を本当の意味での「智慧《ちえ》」の道に導くものだったのです。仏教でいう智慧は目に映る世界だけでなく、その奥にあるものを同時に感じとろうとするはたらきです。子規たちにとっての俳句は世にいう宗教とは別な道からこの智慧の世界に入って行こうとすることだったともいえます。

言葉は道具ではない

さて、貫之は本当に子規がいうような、一介の「下手」な歌詠みだったのでしょうか。『古今和歌集』には次のような貫之の一首があります。

ほととぎす　けさ鳴く声に　おどろけば　君を別れし　時にぞありける

意訳すると、「今朝鳴いた、ほととぎすの声にはっとする。ああ、ちょうどあなたと別れたその時だった」となります。

この「君」が、さきほどまで会っていた恋する女性であれば、子規がいうように「下手」な歌詠みで、『古今和歌集』に「歌らしき歌は一首」もないということになるのかもしれません。しかし、この「君」を、生きた人ではなく、亡き人だと思って読んでみると、まったく異なる情景が浮かび上がってきます。

先に述べたように「ほととぎす」は、この世とあの世をつなぐものとして詠われてきました。

貫之は、ある朝、「ほととぎす」の声を聞く、それは愛する人との死別を経験した、あの「時」だったのだ、という歌だとしたら、この和歌は、「くだらない」どころか、現世と死者のくにがつながっていることを詠った、きわめて独創的な哲学を蔵した歌だということになります。

子規とその一門の人々が、言葉の道に何か厳粛なるもの、さらにいえば「聖なる」ものをすら求めているのは論を俟《ま》ちません。だからといって彼の説がすべて正しいということにはならないと思います。彼が強く否《いな》んだのは、言葉を人間の心情を表現する道具にすることだったのではないでしょうか。

彼らにとって言葉は、何ものかによって人間に与えられたこの世——大きな意味における自然——を解き明かす稀有なる鍵だったのです。

人は、言葉によってこの世界に潜む「深密」を解き明かさなくてはならない。それにもかかわらず、自分の心ばかり掘り下げている。託されたのは「白分」という小さな場所を掘ることではなく、「世界」というべき場所を探究することではないのか。それが子規の実感だったように思います。

人に見せては困る手紙

子規は、夏目漱石とは親友の間柄でした。彼は病のために三十四歳で亡くなっています。

二人の交友はこれまでもさまざまな人に言及されてきました。私たちの知る漱石は、子規との出会いなくしては生まれなかったといってよいと思います。また、漱石もそのことを否定しないと思います。

今日、二人が残した手紙を読むことができます。子規は、俳句で自分の心情をそのまま詠むことは、ほとんどありませんでした。しかし、書簡には、彼の肉声がそのまま記されていることがあります。

あるとき子規は、漱石にあて「例の愚痴談だからヒマナ時に読んでくれ玉《たま》へ。人に見せては困ル、二度読マレテハ困ル」と前置きして、「なさけなき身の上とても申すべき身の上、一通り御聞なされて下されたく候」という手紙を書き送っています。

例の通りの愚痴だから、暇なときに読んでほしい、と子規はいいます。子規は漱石には安心して本心を語っている。苦しみや弱みもそのまま語っています。他人に見せては困る、という言葉も、深い友情の表現にほかなりません。

興味深いのは「二度読マレテハ困ル」という一節です。繰り返し読まれると、きっと漱石にいらぬ心配をさせることになる、というのでしょう。友の心を煩《わずら》わせるのは、自分の心がそうなるのよりも耐えがたい、というのです。

真の友と出会う、ということは相手の心持ちをわがことのように感じようとすることですが、そうした試みも二人の書簡からはうかがい知ることができます。

また、子規は、別な日には次のような手紙を送っています。

僕ハモーダメニナッテシマッタ、毎日訳モナク号泣シテ居ルヨウナ次第ダ、ソレダカラ新聞雑誌ヘモ少シモ書カヌ。手紙ハ一切廃止。ソレダカラ御無沙汰シテスマヌ。今夜ハフト思イツイテ特別ニ手紙ヲカク。イツカヨコシテクレタ君ノ手紙ハ非常ニ面白カッタ。近来僕ヲ喜バセタ者ノ随一ダ。僕ガ昔カラ西洋ヲ見タガッテ居タノハ君モ知ッテルダロー。

(『漱石・子規往復書簡集』)

この手紙を子規は、ロンドンにいる漱石に送っています。「僕ガ昔カラ西洋ヲ見タガッテ居タノハ君モ知ッテルダロー」という言葉には、哀切《あいせつ》という言葉がふさわしい情感すら感じます。

ここにいる子規は、『歌よみに与ふる書』の言葉に見られるような苛烈な熱情を放つ人物ではありません。自分の心を正直に語るひとりの男です。

子規は世界をありのままに詠むことを「写実」と呼びました。彼が自分の心をそのままに詠うことを自らに禁じたのは、先の手紙にあったような言葉を俳句という場に持ち込みたくなかったからなのでしょう。

最後に、私が愛する子規の句を一つ紹介したいと思います。

僧もなし　山門閉ぢて　萩《はぎ》の花

周囲には僧の姿も見あたらない。寺の山門も閉じていて、ただ静かに萩の花が咲いているる、というのです。

この句には、真の意味で「孤高」という言葉が背景にあるような世界を感じます。「孤高」とは、人生が求めてくる「孤独」を通じて存在世界の「高み」へと向かおうとすることにほかなりません。この世界には、どうしてもひとりになってみなければ感じることのできない深みがあります。「読む」、「書く」という行為が必然的に私たちを「孤立」とは異なる創造的な「孤独」の世界へと導くのも偶然ではないように思われます。

この句を詠んだ一八九五（明治二八）年ごろから子規は、迫りくる病を感じるようになっていくのでした。

第5章

つながりの詩

吉野秀雄を支えた存在

詩を手書きする効用

吉野秀雄《よしのひでお》（一九〇二～六七）という歌人であり、書家でもあった人物がいます。『寒蟬《かんせん》集《しゅう》』という歌集によって広く知られ、のちに昭和期を代表する歌人となり、書でも独自の世界を切り拓いていきました。

和歌と書は大変深い関係にあります。吉野秀雄はしばしば、自分の和歌を書にしていきます。そこには印刷された文字とは別な意味の世界、情感の世界が浮かび上がってきます。

第一章で詩は、読むだけでなく、書いてみるとよい、と述べました。ここではそれに加えて、筆で、あるいはペンなどで紙に書き記してみることをおすすめしたいと思います。

自分の詩でもよいですし、愛する歌人、詩人の作品でもよいのです。実際に書いてみると、パソコンで打つのとは別種の手応えが生まれてきます。文字が絵のようになって浮かび上がってくるように感じられるかもしれません。そのとき、文字はすでに単なる記号ではありません。生ける絵模様のようになってきます。

達人の審美眼

吉野秀雄という名前を知ったのは、高校生のころ、小林秀雄の作品が切っ掛けでした。小林に「真贋《しんがん》」と題する作品があります。そこで小林が、手に入れた良寛《りようかん》の書を吉野に見せる場面があります。小林は良寛の書を愛しています。すると吉野は、それを偽物だという。吉野は優れた良寛の研究者でもありました。吉野の言葉を聞くと小林はその場で日本刀――ある時期小林は、骨董《こつとう》と同様に日本刀を愛《め》でていました――で縦横に切り裂くという場面があるのです。

この場面をじっと読んでいると、多言を費やさなくとも、吉野の眼に対する小林の信頼が表現されているのが分かってきて、吉野秀雄の名前は、その作品にふれないまま、私のなかに美の達人として強い印象を伴って記憶されていきました。

吉野秀雄に関心を抱くようになったのは和歌よりも書を通じてでした。歌もその人を偽りなく表しますが、書も同じです。上手下手とは別の、吉野がよく用いる表現を借りれば「骨」のようなものをそこに感じます。

彼を歌の道に導いたのは正岡子規の和歌でした。子規の俳句ではなく、彼は『歌よみに与ふる書』を書いた人物の「和歌」に魅せられて、その道を歩きたいと思うようになったというのです。

このことは、吉野秀雄という歌人がその出発からいわゆる歌壇にいる人々とは少し離れたところにいた証しになっています。次第に吉野は、子規の歌と共に「写実」に強く打たれます。「写実」という道があったから歌の世界に入ることができたとも語っています。

歌の生命は「見えざる言葉」

もう一人、歌人吉野秀雄の背景にいる人物として忘れてはならないのが、同じく歌人で書家でもあった会津八一《あいづやいち》（一八八一〜一九五六）です。

一九二五（大正一四）年の春、吉野が二十三歳になる年のことです。『木星』という雑誌を開いていると一群の歌が眼に飛び込んできて、彼はその清廉《せいれん》な調べに強く打たれます。この歌の作者が会津八一でした。八一は子規とも交流がありました。八一は子規が説く「写実／写生」を歌の世界で実践します。

歌を通じて、八一が吉野に伝えたのは「写実／写生」であると共に「調べ」です。調べという見えざる言葉こそ歌の生命であることを、八一は、日々の交わりを通じて伝えようとしました。子規も『歌よみに与ふる書』で「調子」の重要性を熱く語っています。

次に引くのは八一が法隆寺を訪れたときに詠んだ歌です。彼は歌をひらがなで書きます。

ひとりきてめぐるみだうのかべのゑのほとけのくにもあれにけるかも
（独り来て　巡る御堂の　壁の画の　仏の国も　荒れにけるかも）

ここで八一は、法隆寺にあるこの上なく美しい仏画が、廃仏毀釈《はいぶつきしゃく》の世の流れのなかで軽んじられているさまを切々と歌いながら同時に、その調べは、けっして朽ちることのない永遠の仏の国の実在を読む者に感じさせてくれます。それは美の故郷といってもよいかもしれません。

「調べ」と「意味」はちょうど絵でいう「色」と「線」の関係に似ているのかもしれません。どちらかが必要以上に際立っていてもよい絵にはなりません。

八一は、弟子を持ちませんでした。吉野は別格で彼は八一を師と仰いでいますが、八一は吉野を独立した一人格として認めていて、自分に従属させようとすることはありませんでした。

二人の「師弟関係」は、現代では失われつつある芸術における求道の軌跡《きせき》として注目に値します。八一との出会いがなければ吉野は、歌人はもちろん、書家になることもなかったかもしれません。この人物は吉野にとって人の姿をした歌の道、書の道そのものでした。

言葉によって世界を作り変える

子規と「写実／写生」の関係を語ったときに、碧梧桐のさまざまな見解にふれました。そこに加えて吉野は、「写生」とは単に、ありのままに世界を映しとるだけでなく、世界を「再構成」するはたらきにほかならないと書いています。

きびしく突き放して客観化するいとなみのうちには、対象の引き写しどころか、ほんというと、対象の再構成が行なわれる。截然《せつぜん》と一個の世界を、しかもことばの抽象を通じて現示しようというのに、再構成のないはずはない。
(「写生と伝統」)

世界の実相を、言葉という抽象性の高いものを通過させて詠い上げる以上、そこに

「再構成」の動きが生まれないはずはない、というのです。

「再構成」を平たくいうと、言葉によって世界を作り変えることです。世の常識を突き破って、新しい地平を切り拓くことです。

この指摘はきわめて重要なだけでなく、従来の写生論に大きな一石を投じるものにもなっています。そこにあるのは「歌は世界をつくり得るのか」という哲学的命題でもあります。

もちろん、吉野はそのはたらきを信じています。彼の考えた世界は、世の中という世界、すなわち「外界」ではありません。自分にとっての世界、「内界」の意味を刷新することだったのです。

歌によって亡き人を感じる

歌人としての彼の存在が、世に認識されるきっかけは、一九四七（昭和二二）年に創刊された、小林秀雄が編集した雑誌『創元』に掲載された「短歌百余章」（同年に歌集『寒蟬集』に収められる）でした。

そこで吉野は、亡き妻との交わりをめぐる作品を複数書いています。生ける死者となった妻の存在を、次のようにありありと詠い上げたのです。

よろめきて　崩れ落ちむと　する我を　支ふるものぞ　汝《なれ》の霊《たま》なる

ここで吉野が、「汝」と呼びかけているのは亡くなった妻です。悲しみのあまりによろめき、崩れ落ちそうになっている自分を亡き妻が支えてくれているのがはっきりと分かる、というのです。

妻はつが亡くなったのは一九四四（昭和一九）年です。四十二歳でした。彼女は前年から体調を崩して療養していましたが、急変して亡くなるまでは、ひと月ほどしかありませんでした。

あまりに急な別れのあと、彼は歌を通じて妻との新しい関係を作り上げようとします。彼は目に見えない現実を「写生」し、世界を「再構成」しようとするのです。

言葉で見つける死後の世界

百余りの歌のなかには、妻が亡くなったあと、自分は地獄に赴《おもむ》いてもその姿を必ず探し出す、と詠う歌もあります。

よしゑやし　捺落迦《ならか》の火中《ほなか》　さぐるとも　再び汝に　逢はざらめやは

「よしゑやし」とは、どうともなれ、という感情を示す言葉です。「捺落迦」は奈落のこと、そこでどんなに大きく火が燃え盛っていても、必ずや妻の姿を見つけ出す、と吉野はいうのです。

しかし妻は、病床にあっても死後の世界は存在しないだろうと悲嘆していました。彼にとって「再構成」という言葉が重要になるのは、この地点です。

妻は信じていなくても冥界は存在する。そこで彼女を見つけて世界観をひっくり返す必要が吉野にはあったのです。

死ぬ妹《いも》が　無しとなげきし　彼岸《かのきし》を　我しぞ信ず　汝とあがため

逝こうとする愛するお前が、きっと無いのだと嘆く彼方の国を、私が信じ、それを現出させてみせる。あの世界でもう一度お前と会うために、というのです。

亡き者の　手紙身につけ　伊豆の國　狩野《かの》の川べの　枯草に坐《ゐ》り

亡き人の手紙を身に付け伊豆へと旅に出た。狩野川の川辺にある枯草に坐っている、という歌です。

ここで重要なのは吉野にとっての手紙、あるいは言葉の意味です。それは紙に言葉が記された「物」ではありません。亡き者の心が写し取られたものにほかなりません。『新古今和歌集』にも亡き者の手紙を詠った美しい歌があります。

書きとむる　言の葉のみぞ　みづぐきの　流れてとまる　形見なりける

書き留めておいた言葉だけが形見になった。その様子はまるで、川の中にあって流れていかない水茎のようだ、というのです。

ここで鍵となるのは「みづぐき」という表現です。これは水面に浮かんだ植物の茎でもありますが、同時に「筆跡」あるいは「手紙」を意味する言葉でもありました。人生という流れのなかで、あなたの書いた手紙だけが流れ去らず、形見となって残っている、というのです。

この歌を吉野が知っていた可能性はきわめて高いと思われます。和歌に関する彼の研《けん》鑽《さん》は広く、深いものがありました。「写実」を説いた子規の血脈を継ぐ人々は、『新古今和歌集』の世界を好みませんでした。しかし、吉野の個的な、のっぴきならない経験を通じて、それが再び統合されていこうとしているのは注目してよいと思います。

言葉は人を救う

個の切実な経験は、容易に打ち壊せない壁をも超える。吉野は先に見た「写生と伝統」と題する一文で、「写生」を一種の救いの業《わざ》であると述べています。

写生は事象をひとたび突き放す、ひとたび客観化する。かりにここに死別や失恋の悲嘆があるとすると、悲しみに巻き込まれてジタバタしているだけでは歌にならない。ジタバタする自分をちゃんと見据えている自分があって、はじめて表現にまで到達することができ、そこに歌よみの「救い」が成就《じょうじゅ》する。

「救い」というのは比喩ではありませんでした。吉野は、文字通りの意味で歌に、言葉に救われたのです。歌によって亡き者たちの世界とのつながりをはっきりと感じられるようになったという彼の告白は、そのまま受け入れねばならないと思います。

還暦近くになって吉野は、自らを「歌を作つて心慰みつつ生きる力をえてきた者」（「私の二十代」）であると述べています。吉野の生涯を鑑《かんが》みることはそのまま、歌のちからを目撃することでした。

後の章で、詩人八木重吉《やぎじゅうきち》にふれますが、この詩人の作品が広く読まれるのに尽力したのが吉野でした。妻と死別したあと、同じく夫である重吉と死別していた登美子《とみこ》と出会い、再婚します。吉野は、登美子を深く愛しましたが同時に、詩人としての重吉に強く打たれ、惹かれます。

ある日、吉野は小林秀雄に重吉の原稿を見せます。当時小林は創元社という出版社の役員をしていました。小林はその場で重吉の詩集の出版を決めます。

このことが始まりとなって、重吉の本はさまざまなかたちで出版され、今、私たちは重吉の『全集』を持つに至っています。

人と人とをつなぐ詩

吉野秀雄は群馬県の出身で、同郷の内村鑑三《うちむらかんぞう》（一八六一〜一九三〇）を大変深く敬愛していました。重吉が深い信頼を寄せたのも内村でした。

内村は、近代日本を代表するキリスト者ですが同時に、魂の奥に深い詩情をたたえた詩人でもありました。『愛吟』と題する訳詩集も出版していて、小説家の武者小路実篤《むしゃのこうじさねあつ》（一八八五〜一九七六）は、内村の詩的精神に大きく影響を受けた、と述べています。

内村さんにとっては僕は信なき者であったろうが、僕には内村さんが自由思想家でないことが残念だった。あの人が自由な考を持って書きたいことをかいたら、日本文学には実に類のない調子の高い文学が生れたのだと思う。しかし内村さんは二宮尊徳や、ホイットマンの価値を認めていた。信仰は別だが内村さんの詩篇の訳など実に感心し、感動した。

（「内村さんに就て」鈴木俊郎編『回想の内村鑑三』）

近代日本文学における内村鑑三の影響は、再考する必要があります。内村は、同時代の日本文学には否定的な考えを持っていましたが、そうした人物から新しい文学が誕生していることは注目に値します。内村は詩を訳すだけでなく、詩を書いてもいます。「寒中の木の芽」（一八九六）と題する作品には次のような言葉が刻まれています。

一、春の枝に花あり
夏の枝に葉あり
秋の枝に果あり
冬の枝に慰《なぐさめ》あり

二、花散りて後に
葉落ちて後に
果失せて後に
芽は枝に顕はる

三、嗚呼《ああ》憂《うれい》に沈むものよ
嗚呼不幸をかこつものよ
嗚呼冀望《きぼう》の失せしものよ
春陽の期近し

四、春の枝に花あり
夏の枝に葉あり
秋の枝に果あり
冬の枝に慰あり

この詩で詠われているのも「写生」による世界の「再構成」です。あるいは「再構成」され得る可能性です。

「花」という言葉に込められているのは、「美」の象徴かもしれません。

「葉」という言葉に込められているのは、「ちから」の象徴かもしれません。

「果」という言葉に込められているのは、「みのり」の象徴かもしれません。
「慰」という言葉に込められているのは、「神のはたらき」の象徴かもしれません。
「芽」という言葉に込められているのは、「新生」の象徴かもしれません。

詩は、詩人によってのみ生み出されるとは限りません。また、文学だけが詩の現場でもないのです。宗教、哲学、あるいは芸術の世界においても、詩情が人と人の心を通じ合わせているのです。

内村は、いわゆる文学者ではありませんが、彼のもとには多くの文学者たちが集まりました。作家の有島武郎《ありしまたけお》、志賀直哉《しがなおや》、武者小路実篤、長与善郎《ながよよしろう》、宗教哲学者の柳宗悦《やなぎむねよし》といった、のちに白樺派《しらかばは》を作る人々はある時期、内村に魅せられています。そして劇作家の小山内薫《おさないかおる》、作家の正宗白鳥《まさむねはくちょう》もある時期、内村ととても深く交わります。

彼らはまず、内村の人格、霊性に惹かれているのですが、それだけでなく、その言葉、さらにいえばその背後にある詩情に引き込まれていたように思われます。

第6章　さびしみの詩

宮澤賢治が信じた世界

言葉の世界と意味の世界

詩とは、言葉を扉にして、もう一つの世界とつながろうとする営みだといえるのかもしれません。そのもう一つの世界は、さまざまな呼び方をされていますが、批評家の小林秀雄はそれを「意味の世界」と名づけています。今、私たちが暮らしている世界が言葉の世界であり、その奥に「意味の世界」がある、というのです。

どの言葉にも意味があります。言葉は文字にすることで目に見え、声にすることで耳に聞こえますが、意味はふれることができません。言葉の世界は「意味の世界」に包まれている、といえるようにも思います。詩人は、日々、「意味の世界」へと旅する人だといってよいと思います。

詩人にはそのひと特有の鍵語があります。ある言葉によって人生を深め、その人の固有の意味を発見していく。それは一語の場合もありますし、鍵語群と呼べるような強く結びつく、いくつかの関連する言葉の場合もあります。もちろん、それは「意味の世界」への扉を開ける言葉でもあります。

人生の道を照らす「火」

人は、鍵語を人生の折々に見つけていきます。宮澤賢治（一八九六～一九三三）の場合は、「火」「焚《た》く」「燃える」といった言葉が鍵語になります。

賢治の作品でもっともよく知られた「銀河鉄道の夜」でも「火」はとても重要なはたらきを持つ一語になっています。

カムパネルラは、そのきれいな砂を一つまみ、掌《てのひら》にひろげ、指できしきしさせながら、夢のやうに云ってゐるのでした。
「この砂はみんな水晶だ。中で小さな火が燃えてゐる。」

ここでの「水晶」はさまざまなものの象徴たり得ているのでしょうが、私には言葉もその一つであるように感じられます。

詩を書く、あるいは詩を読むとは「水晶」のような言葉のなかに「火」のような「意味」を見つけることにほかなりません。

「火」を取りまく言葉は、賢治の詩の世界でも、見過ごすことのできない役割を担《にな》っています。たとえば、「小岩井農場」には次のような一節があります。

〔中略〕
もうけつしてさびしくはない
なんべんさびしくないと云つたとこで
またさびしくなるのはきまつてゐる
けれどもここはこれでいいのだ
すべてさびしさと悲傷とを焚いて
ひとは透明な軌道をすすむ
〔中略〕

「悲傷」とは、文字通り悲しみの傷、という意味ですが、それは目に見えません。心の傷跡です。それを「淋《さび》しさ」と共に「焚く」、と賢治はいいます。そして、焚かれたところから発せられる光で、人はその人の人生の道をひとり、歩いて行くというのです。

ここで賢治が「もうけつしてさびしくはない／なんべんさびしくないと云つたところで／またさびしくなるのはきまつてゐる」と書いているのも、私たちの心のありようをとてもよくとらえていると思います。

口ではもう大丈夫だといえる。事実、そう感じることもある。だが、また、かならず淋しくなる。「けれどもここはこれでいいのだ」と賢治は書いています。理屈の通らないところにこそ人生の実相がある、というのです。

悲しみには層がある。悲しみは生きることによって深まってくる、と賢治は考えています。人は誰もが、あるときから、悲しみの光によって導かれ、人生の深みをかいまみようとする旅に出ることになる。それが定めだ、というのです。

生きる意味を探る童話

賢治は、優れた詩人でしたが同時に、優れた童話作家でもありました。賢治は、童話とは、子どもの読み物の呼び名ではなく、童心を開かせてくれる物語であり、姿を変えた詩であることを、生涯を通して体現してくれました。

また、賢治の童話は、子どもは大人が考えるよりもずっと確固とした人格を宿していることを教えてくれてもいます。子どもは、ある面では、大人が考えるよりもずっと「大人」なのです。

彼に「よだかの星」と題する作品があります。ここでも「火」をイメージする言葉が重要なはたらきを担っています。

「お日さん、お日さん。どうぞ私をあなたの所へ連れてって下さい。灼《や》けて死んでもかまひません。私のやうなみにくいからだでも灼けるときには小さなひかりを出すでせう。どうか私を連れてって下さい。」

よだか（夜鷹）は鳥の一種なのですが、見た目も少し変わっていて、声もほかの鳥とは違うので、なかなか仲間に入れてもらえません。

ですが、よだかは、自分にも自分だけの生の意味があると信じ、それを探しています。そして、よだかはさまざまなところに行って、わが身をささげようとするのです。太陽にわが身を投じれば、そこに光が生まれ、わずかでも何かを照らし出すことがあるだろう、というのです。

永遠に「生かされる」ということ

ここでの太陽は、万物を照らすもの、仏教でいえば、それは大日如来《だいにちにょらい》であり、阿弥陀《あみだ》仏《ぶつ》だといえるかもしれません。そこにわが身を投じるというのです。

賢治は、日蓮《にちれん》の教えに生涯をささげた人でしたが同時に、宗派を超える視座を持っていました。キリスト教ではイエスは太陽に象徴されることもありますが、ここにはそうした宗派を超えた超越者の存在を感じます。

よだかが、わが身をささげようとしたのは太陽だけではありません。彼は星にも同じことをいいます。

「お星さん。西の青じろいお星さん。どうか私をあなたのところへ連れてって下さい。灼けて死んでもかまひません。」

ここでの「星」は、自ら光を発するけれども、太陽のはたらきによって生かされているもの、ということなのでしょう。それは、阿弥陀仏と菩薩《ぼさつ》の関係に似ているかもしれません。

菩薩は、仏になり得る者なのに、万人の救いのために仏にならず、人間と共に生きる道を選びます。

ここで「灼ける」という言葉が示しているのは、燃え尽きてなくなる、ということではありません。それは火によって浄化され、新生する、ということです。自分の力によってではなく、火のちからによって永遠のいのちを発見していく、ということにほかなりません。この物語の終わりには次のような一節があります。

それからしばらくたってよだかははっきりまなこをひらきました。そして自分のからだがいま燐《りん》の火のやうな青い美しい光になって、しづかに燃えてゐるのを見ました。

すぐとなりは、カシオピア座でした。天の川の青じろいひかりが、すぐうしろになってゐました。

そしてよだかの星は燃えつゞけました。いつまでもいつまでも燃えつゞけました。

今でもまだ燃えてゐます。

よだかは、自分を超えたものに包まれることによって、新しい姿、新しい使命を帯びた存在になる。よだかは、消えることのない火を与えられ、沈黙のうちに永遠に人々を照らす存在になったというのです。

「今でもまだ燃えてゐます」という一節は、この物語の世界と私たちの現実世界を結ぶとても重要な表現になっています。私はこの物語をおもうたびに、夜空に星になったよだかを探してしまいます。

もちろん、その「空」は、外界の天空でもありますが、私たちの内なる世界の空でもあるのです。

読み終わらない詩

「火」とそれと結びつく言葉は賢治の重要な鍵語群ですが、もう一つ、大切なのが「鳥」です。「白い鳥」と題する詩には、次のような一節があります。

二疋《ひき》の大きな白い鳥が
鋭くかなしく啼《な》きかはしながら
しめつた朝の日光を飛んでゐる
それはわたくしのいもうとだ
死んだわたくしのいもうとだ
兄が来たのであんなにかなしく啼いてゐる
（それは一応はまちがひだけれども
まつたくまちがひとは言はれない）

〔中略〕

賢治の詩は、「読み終わらない」詩です。私は、これまでも一度ならず、彼の詩をめぐって文章を書いてきました。しかし、そのたびに同じ詩に新しい意味を見出します。彼の死からすでに八十年以上が経過していますが、その作品が読まれ続けているのは、彼の言葉が時代と共に新生するからです。

そして、同じ読者に幾度も読まれるのは、読みの深まりと共に、彼の言葉に蔵された意味がどんどん解き明かされていくからです。こうしたはたらきを持つ作品を私たちは「古典」と呼ぶのだと思います。

賢治は、妹のトシをわが身のように大切に思っていました。しかし、彼女は病のために二十四歳で亡くなってしまいます。

賢治が、真剣に詩を書くようになったのも、トシの病が大きな契機になっています。彼の詩集『心象スケッチ　春と修羅』は、病床にあるトシへの言葉の贈り物であり、亡くなった彼女への挽歌が複数収められています。

無音の声

先の詩にあった「鳥」は、賢治が愛した妹トシのたましいを象徴するものになっています。彼に至っては、「象徴」という表現は、その実感をよく表わしていないかもしれません。彼は「二疋の大きな白い鳥」に新生した妹の存在をそのまま感じているのです。

おそらくこの詩は、賢治が想像で書いたのではありません。ここに記されている通りの出来事に遭遇したのだと思います。そして、考える前に、こうした直観に全身を貫かれたのだと思います。

そう考えるのは、私にも同様の出来事が起こったからでした。

ある冬の日、故郷の空を飛ぶ二羽の大きな鳥を見たとき、私はそこに茫然と立ち尽くし、しばらく動くことができませんでした。私もまた、「かなしく啼く」声を聞いたのです。耳で、というより心の耳で。

「心眼《しんがん》」という言葉はよく知られていますが、「心耳《しんじ》」という言葉もあります。心眼が目に映らないものを感じるように、心耳は、聴覚ではとらえられないものを「聞く」のです。

ある人は、それは以前に賢治の詩を読んでいたから、そう感じたのだというかもしれません。その通りなのです。賢治の詩だけでなく、『万葉集』『古今和歌集』などにおける象徴としての鳥も私のなかに知識として蓄積されているに違いありません。

しかし、あの日、感じたのはもっと質の違うことでした。個人的な経験とある種の普遍的な記憶が、まさに溶け合い、新しい意味として心に湧き上がってくる、という出来事だったのです。

詩は文字の経験に終わるものではありません。ときに、人生を変える出来事へと私たちを導くものです。

亡くなった人が「鳥」に姿を変えてやってくる。こうした発言が非理性的なのは賢治も分かっています。彼は、大変優れた科学的精神の持ち主でした。その才能は地元の農業改革などにおいて発揮されます。ですが、その一方で彼は、「まちがひだけれども／まつたくまちがひとは言はれない」と言葉を重ねます。

事実を捉《とら》える科学の世界では「誤り」だが、「真実」を捉えようとする感性、さらには霊性の世界においてそれは、事実以上の実感をもって感じられる、というのです。

詩とは、事実の奥に、事実という視座では把捉《はそく》できない「真実」を描き出そうする試みだといえるかもしれません。賢治は、この世界は、生者が暮らす人間界だけでなく、それを包み込むもう一つの世界があることを描き出そうとするのです。

また、この詩でも、「よだかの星」と同じく、光が重要なはたらきをしています。「しめつた朝の日光」は生者と死者の世界をつなぐはたらきとなっています。鳥は、「光」に運ばれて賢治のところにやってきたというのでしょう。

先に阿弥陀仏にふれました。阿弥陀の像――図絵でも仏像でも――にはうしろに光が描かれています。私たちはそれが阿弥陀から発せられたと思いがちです。しかし、うしろの光が意味しているのは、阿弥陀も「光」と不可分なかたちで存在しているということのように思われます。主体は「光」で阿弥陀という姿は、「光」が姿を変じたものなのです。

阿弥陀仏が描かれることとで、私たちはその背後に大きな余白を感じます。その無形の、そして無音の存在こそ、万物を生かしている「はたらき」にほかなりません。

先の詩で、賢治が描き出そうとしているのは、おそらく、個的な悲しみだけではありません。若くして亡くなった妹の悲しみだけでもないのです。彼ら兄妹だけでなく、世にある無数の愛と悲しみを包み込む大いなるはたらきこそ、賢治がこの詩によって、私たちに伝えようとしたことのように思えてならないのです。

亡き人はどこにいるのか

この世だけが存在する、という単層的世界観ではなく、死者、あるいは神仏の世界を含んだ多層的な世界観を賢治は持っています。

世界の深みを感じるのは知性や理性ではなく、感性だと賢治は感じています。「白い鳥」の光景がよりいっそう豊かに描き出されているのが「青森挽歌」です。

挽歌とは死者に贈る歌です。そこで賢治はまず、妹が彼方の世界へとひとり旅をしなければならない姿を謳い上げます。

〔中略〕

あいつはこんなさびしい停車場を
たつたひとりで通つていつたらうか
どこへ行くともわからないその方向を
どの種類の世界へはひるともしれないそのみちを
たつたひとりでさびしくあるいて行つたらうか

〔中略〕

どんなに自分が妹を愛していても死出の道を共にすることはできない。目には見えない「道」があることは分かる。だが、どこにあるのかが自分には分からない。それでもあの非力な妹は、暗がりのなかをひとり歩みを進めなくてはならないのだろうか、というのです。

しかし、ここでは「どこへ行くともわからないその方向」と述べていた彼でしたが、そこで賢治は踏みとどまりません。彼は妹を探し出そうとします。

前章で、吉野秀雄による同質の和歌を読みました。亡くなった愛する人を探す、その賢治の熱情は吉野と同様に烈《はげ》しいものです。

「かんがへださなければならないこと」

先の詩で賢治は「かんがへださなければならないことは／どうしてもかんがへださなければならない」と書いたあと、こう続けています。

とし子はみんなが死ぬとなづける
そのやりかたを通つて行き
それからさきどこへ行つたかわからない

それはおれたちの空間の方向ではかられない
感ぜられない方向を感じようとするときは
たれだつてみんなぐるぐるする

〔中略〕

五感ではトシの世界を認識することができない。従来の感覚とは異なる感性を開花させなくてはならない。「感ぜられない方向を感じようとするときは／たれだつてみんなぐるぐるする」という一節には賢治の苦悩と当惑がありありと表現されています。賢治は決してあきらめません。彼はトシとの交わりを「通信」という言葉で表現します。

〔中略〕
なぜ通信が許されないのか
許されてゐる　そして私のうけとつた通信は

母が夏のかん病のよるにゆめみたとおなじだ
どうしてわたくしはさうなのをさうと思はないのだらう

「私のうけとつた通信は」とあるように、賢治は、この世の常識とは異なる、ある意味の伝達をはっきりと感じている。しかし、それがどこから来るのかがわからない。また、その感覚を自分で信じぬくことができないでいる。

しかし、賢治のなかでその実感は、人生の確信と呼ぶべきものに変わっていきます。亡き者たちの世界との間を閉ざしていた霧のようなものが晴れるさまを、彼は次のように描き出します。

それらひとのせかいのゆめはうすれ
あかつきの薔薇《ばら》いろをそらにかんじ
あたらしくさはやかな感官をかんじ

日光のなかのけむりのやうな羅《うすもの》をかんじ
かがやいてほのかにわらひながら
はなやかな雲やつめたいにほひのあひだを
交錯するひかりの棒を過《よ》ぎり

「ひとのせかいのゆめはうすれ」と賢治はいいます。ここでの「ゆめ」とは五感がすべてだと感じていることです。そうした認識こそが幻影だというのです。夢幻の雲が薄れ、世界の深みが浮かび上がってくる。そこには「あたらしくさはやかな感官」、すなわち、これまでとはまったくことなる認識のちからが浮かび上がってくる、というのです。そのはたらきをたよりにして、彼はついに彼方の世界をありありと認識し始めるのです。

われらが上方とよぶその不可思議な方角へ
それがそのやうであることにおどろきながら

大循環の風よりもさはやかにのぼつて行つた
わたくしはその跡をさへたづねることができる
〔中略〕

はじめは「どこへ行くともわからないその方向」と述べていた彼は、ここでは「わたくしはその跡をさへたづねることができる」というほどの確信と体感を得るまでになっています。

死者は「生きている」

ここで描かれているのは、ほとんど内的革命といってよい世界観の変化です。賢治は大変敬虔《けいけん》な人でしたから、トシが亡くなる以前から人間界を包み込む仏の世界を信じていました。しかし、ここでの賢治はそれを信じているだけでなく、本当の意味で、全身全霊で「知っている」という地平に立っています。

この詩の終わりには次のような一節があります。

〔中略〕

だまつてゐろ
おれのいもうとの死顔が
まつ青だらうが黒からうが
きさまにどう斯う云はれるか
あいつはどこへ堕ちようと
もう無上道に属してゐる
力にみちてそこを進むものは
どの空間にでも勇んでとびこんで行くのだ

〔中略〕

世人は遺体をみて、その悲惨を嘆き、死を存在の終わりのようにいう。しかし、賢治には、身体を離れ、勇ましく、新たな生を生きようとする妹の姿がはっきりと感じられている。

死者は「生きている」。そればかりか未知なる世界へと飛翔する姿は勇ましくすら映る、というのです。

第7章

心を見つめる詩

八木重吉が刻んだ無音の響き

生前は知られなかった詩人

詩は、しばしば不思議な運命をたどって読み継がれます。詩の歴史に大きな痕跡《こんせき》を残している詩人のなかには、生前は、一部の人にしか知られていなかった詩人も少なくありません。

たとえば、映画（「静かなる情熱 エミリ・ディキンスン」）になったエミリ・ディキンソン（一八三〇～八六）は、生前、千を超える詩を書き記しながら、一冊の詩集も出さないまま亡くなりました。しかし、今では世界中で彼女の詩は読まれています。後の章で紹介したいと思っていますが、私がもっとも愛する詩人のひとり、大手拓次《おおてたくじ》もそうした詩人でした。

これから紹介する八木重吉（一八九八～一九二七）も知られざる詩人のひとりです。ディキンソンや大手拓次は、生前に詩集を出しませんでしたが、重吉は『秋の瞳』（一九二五・新潮社）を一冊出します。二冊目の詩集『貧しき信徒』の準備を終えたところで、結核が原因で亡くなりました。

彼の詩で、もっともよく知られているのは、次に引く「素朴な琴」と題する詩ではないかと思います。

この明るさのなかへ
ひとつの素朴な琴をおけば
秋の美くしさに耐えかね
琴はしずかに鳴りいだすだろう

重吉はこれまでキリスト教詩人として語られてきました。彼が内村鑑三（第5章）に影響を受けたキリスト者だったことは事実ですし、彼はしばしば「神」を詩に詠い上げます。しかし、彼はキリスト教を広めるために詩をつむいだのではありません。自らの信仰を深めつつ、同時に未知なる他者へどこまでも開かれていこうとした人物でした。

誤解を恐れずにいえば、キリスト者であるとはキリスト教的世界に留まることを潔《いさぎよ》しとせず、その枠の外にいる人々に言葉を届けようとする者の謂《い》いであるように感じられます。そうした意味でしたら、重吉は近代日本屈指の「キリスト教詩人」でした。事実、先に見た「素朴な琴」は、キリスト教の枠をはるかに超え、愛され続けてきました。

短行詩のすすめ

最初にこの詩を取り上げたのは、ここで試みられている四行詩という形式を皆さんに試していただきたいからなのです。

第1章で、詩は読み、味わうだけでなく、書くことをおすすめしたい、と述べました。次章は五行歌をめぐって述べますが、まずは、四行という行数を定めてみるとかえって自由に、力を入れずに詩を生み出すことができるように思います。

もちろん、「四」という数字にこだわる必要はありません。第2章で大岡信にならって『新古今和歌集』を訳したように五行でもかまいません。六行、七行でもよいと思います。私は当初、のちにふれる岩崎航《いわさきわたる》という詩人の影響で五行で書くことを試みましたが、今は七行が自分にとって自然な様式であるように感じています。

短い詩ですから、世の人は「短行詩」と呼ぶこともあります。短行詩は、大変に奥が深いですから、けっして「簡単」であるとは思いません。しかし、深いと同時に門は大きく開かれています。これから詩を書こう、という方は、四行から七行まで自由に書いてみるのがよいと思います。

そのとき、重吉や岩崎航の詩はともに、じつに優れた導き手になってくれると思います。

外界が心と交わるとき

先に正岡子規にふれ、詩歌における「写生」あるいは「写実」のはたらきをめぐって考えましたが、この作品にも写生のはたらきが生きています。

「素朴な琴」が、事物として存在しているか否かはさほど問題ではありません。重吉にとってこの「琴」は、彼が眼前に見ていた一つの楽器よりもずっと強い実在感をもって彼の内面に存在していたからです。

写生論が子規にとって重要だったのは、世界が語る「コトバ」は、人間が語る言葉よりも豊かに存在の秘密を物語ると信じていたからです。彼が警戒したのは、ありのままの事象を人間の心情によって歪曲《わいきょく》することでした。

ここで重吉が行っているのは心情の表現ではありません。彼が描き出そうとしたのは、心と外界が深く交わるときに起こる、仏教のいう不可思議な、キリスト教のいう高い次元の「神秘」なる出来事です。

「明るさのなか」という言葉によって重吉は、穏やかな光のはたらきを表現しようとしています。その光によって奏でられる「音」を私たちは耳で聞くことはできません。そのために私たちは、先にふれた心耳を開かねばならない。

耳に響く音は遠くには届きません。どこかで消えてしまう。しかし、ここで詠われている「音」は違います。彼方の世界からやってきて、人の心に直接届くのです。

『古今和歌集』の歌人たちは、ありありと「私」の心情を詠い、それを子規は批判しました。重吉の詩は、一見すると古今調ですが、単に「私」を詠ったものではありません。彼の詩は、子規と『古今和歌集』の世界を橋渡ししてくれるようにも感じられます。

「私」を赤裸々に語らない、それでも、ここには八木重吉という「私」の存在がはっきりと感じられる。「明るさ」と「美しさ」によって「琴」が奏でられるという出来事は、彼のほかに容易に探し出すことはできまい、と私たちが感じるとき、ここに語られない「私」が立ち現われてくるのです。

「願い」と「祈り」は異なる出来事

この詩にはじめて出会ったのは、二十歳のときでした。私の師である井上洋治《いのうえようじ》というカトリックの神父の著作で知ったのです。

井上神父は、作家の遠藤周作《えんどうしゅうさく》（一九二三〜九六）の親友でもあって、日本人の心の琴線にふれるキリスト教のあり方を生涯、模索し続けた人でした。この詩をめぐって彼は、「この素朴な琴の音《ね》こそ、まさに大自然の生命の風《プネウマ》と一つになった祈りの極致ともいうべきものであろう」（「風のなかの想い」『井上洋治著作選集8』）と述べています。「祈りの極致」だというのですが、この表現は少し分かりにくいかもしれません。

彼は「願い」と「祈り」を次元の異なる出来事だと考えていました。「願い」は、私たちの思いを大いなるものに届けようとすることですが、「祈り」は違います。神父にとって祈りは、神の無言の「声」を聞くことでした。人間のおもいを神に語ることではなく、神のおもいを受け止めようとすることでした。

神父にとって重吉が描き出す「音」は、姿を変えた神からの無音の呼びかけだと感じられたのだと思います。

詩は私たちを支える人生の杖

この詩に出会う以前にも教科書などではいくつも詩を読んでいました。しかし、心に沁《し》みるという経験はできないままでした。

教科書で読んだ詩で、萩原朔太郎《はぎわらさくたろう》（一八八六〜一九四二）の「竹」という作品がありま
す。これが詩だ、と感じさせてくれたのがこの作品でした。

ますぐなるもの地面に生え、
するどき青きもの地面に生え、
凍れる冬をつらぬきて、
そのみどり葉光る朝の空路に、
なみだたれ、
なみだをたれ、
いまはや懺悔《ざんげ》をはれる肩の上より、
けぶれる竹の根はひろごり、
するどき青きもの地面に生え。

重吉の「素朴な琴」に勝るとも劣らない名作です。重吉が、琴と一体になって詩を創っているように、朔太郎は竹と一つになっています。

竹を見つめながら、竹を詩にしたのではなく、竹になって、竹として語っているのです。ですが、高校生のとき、このようなはっきりとした認識があったのではありません。衝撃は確かにあったのですが、理解できないことへの違和感が長く残ったのです。事実、そのあと朔太郎の詩を愛読するにはずいぶん時間が必要でした。

一方、重吉の詩は違います。出会ったとき、詩の風のようなものを感じたのをはっきりと覚えています。

詩の扉は一度開くと閉まることはありません。それにもかかわらず私は、扉が開いているのに、そのことに気が付かない月日を長く送ってきたように思います。詩と本格的に交わることになったのは四十三歳になってからでした。二十歳のときに届いた、詩の世界からの招待状を私は、二十年以上も開けずにいたのです。

今、このことを痛切に後悔しています。詩を知っていれば、自分の大切な人が困難にあるとき、詩の言葉を贈ることができたのではないか。自らの困難にあるときもまた、詩の言葉によって立ち上がることができたのではないかと思うのです。詩はときに、私たちを支える人生の杖になるのです。

自分だけの「詩歌集」を編む

先に『古今和歌集』にふれました。『古今和歌集』という名前には、この歌集の成り立ちが刻まれています。

「古」は、文字通り昔のこと、万葉の時代を指します。「今」はこの歌集が編まれた平安時代の前期を指しています。その間に詠まれた秀歌を収めたのが『古今和歌集』です。私たちも自らの『古今和歌集』を編むことができます。「和歌集」ではなく、「詩歌集」といった方がよいかもしれません。『古今和歌集』はおよそ千百の和歌が選ばれています。これを四人の撰者で編みました。

ひとりで千百の詩歌を選ぶのは大変です。しかし、『百人一首』にならって古今東西の詩歌から自分の好きな百を選んでノートに書き記す。すると素晴らしい、これまでにない「詩歌集」が生まれると思います。

百でも一気にやろうと思うと大変な労力ですし、途中であきらめてしまうかもしれません。

そこで提案したいのは、これを四分割してまず、二十五篇の好きな詩を選ぶことから始めてみる、という方法です。

ひとりの詩人、歌人からは一つの作品だけを選んで二十五の詩歌をノートに書き写す。できれば、自分のおもいをそっと書き添える。これが実現できれば、すでに立派な随想集です。

出来得ればそこに、先の重吉のような四行詩でもよいので一つ、自分の詩を書き記してみるとよいと思います。

詩を書くのもとても大切ですが、詩集を編むのは、それとは別な豊かな経験です。それだけで、今日まで千数百年続いてきた詩歌の世界に招き入れられるのを感じるはずです。詩の世界は、広く、誰にも開かれています。心で詩を詠み、詩を書けばよいだけです。

重吉はイギリスの詩人ジョン・キーツ（一七九五～一八二一）を敬愛していました。キーツはイギリスを代表する詩人ですが、二十五歳で病に倒れます。こうした背景も重吉との関係が深まる要因だったのかもしれません。

キーツは、詩を書くことは過去の詩人たちと語らうことだと信じていました。ことにキーツはシェイクスピアを愛しました。彼はある友人への手紙で、あまり多く本を読むことはないだろうが、「シェイクスピアがあれば充分だ」（『詩人の手紙』田村英之助訳）と書いています。キーツにとってシェイクスピアは、劇作家というよりも、世紀の大詩人だったのです。彼にとって詩を書くとは、シェイクスピアをはじめとした過去の詩人たちと交わることでもありました。

その光景を彼は、次のように記しています。

多くの詩人が時代に華をそえている。
そのうち何人かは、僕の楽しい空想の糧だった——地上的なもの、崇高なもの、
どちらであれ、今もその魅力に思いを凝らす。
しばしば、詩を書こうと机に向かうとき、
それらが群がって僕の心に押し寄せてくる。

けれど、混乱も乱暴な騒ぎも
惹《ひ》き起こさない。それは心地よい組み鐘《チャイム》なのだ。
〔中略〕

（「多くの詩人が……」『キーツ詩集』中村健二訳）

詩を書こうと机に向かう。そのときキーツは、自分の周囲を過去の詩人たちが取り巻いているのを感じる、というのです。キーツにとって詩作とは、個で行う営みであると共に詩の伝統のちからを借りて行うものだったことが、この詩の一節から伝わってきます。

こうした場は、キーツにだけ開かれていたのではありません。私たちもまた、詩人たちが集う合図である「心地よい組み鐘」の音を聞くことはできるのです。

その準備として、キーツがシェイクスピアを、重吉がキーツを愛したように、愛読する詩人と出会うことがとても重要になってきます。

三つの「なく」

詩は、世界にあまねく存在する詩情を言葉によってすくいとろうとする営みです。詩情はさまざまなところに隠れています。重吉は、虫の音をめぐって次のような詩を残しています。

虫が鳴いてる
いま　ないておかなければ
もう駄目だというふうに鳴いてる
しぜんと
涙をさそわれる
（「虫」）

詩を読むときは、漢字で表現されている言葉――ことに動詞――を心のなかでひらがなに置き換えてみるのもよいかもしれません。

ここでは「鳴く」と「泣く」が響き合うように詠われています。「なく」と書くと、そこに「鳴く」と「泣く」が自然と重なり合います。

和歌のところ（第3章）でふれたように、「なく」には、「鳴く」、「泣く」だけでなく、慟哭を表わす「哭く」という言葉もあります。さらに賢治が書いていた「啼く」という文字もあります。「なく」という一語でも、これだけの意味の色彩があるのです。

現代人はさまざまな言葉を漢字で書くことに慣れています。パソコンやスマートフォンの普及で変換も簡単になりました。便利ではあるのですが、意味の奥行き、意味の色合いが感じられにくくなっている側面があるのも否めません。

この作品を読むとまず、さめざめと「泣く」重吉の姿を思い浮かべることができます。そしてこの詩を眺めていると、涙を流さず、声も出さずに「哭く」彼の姿も髣髴としてきます。文字によっては明らかに表現されていないはずの激情すら、読み手の心に伝わってくる。詩にはとても不思議なはたらきがあります。

「虫」で重吉は「哭く」という言葉を用いませんでした。その一語があったとしても不思議ではないほど、彼は深い悲しみのなかにいました。

彼が「哭く」という一語を書くのは、次のような作品のときです。

ひかりとあそびたい
わらったり
哭いたり
つきとばしあったりしてあそびたい

（「光」）

「ひかり」とともに「哭く」と重吉はいうのです。

「哭く」とは「犬」という文字が組み込まれているように犬のように手と膝を大地に付け、土をかきむしるようにしつつ、獣のような声を出して「哭く」ことです。「ひかり」と遊び、笑う。しかし、「ひかり」は、自分が人知れず、声も出さずに慟哭する姿も知っている、というのでしょう。

先にもふれたように「ひかり」は遍在しています。暗がりを支えているのも「ひかり」です。闇にあるとき、私たちは心のなかで強く「ひかり」を感じます。「ひかり」は重吉にとって「神」の異名でもあったのです。

重吉にとって詩を詠むとは、「神」の声を聞き、「神」に呼びかけることでした。それは姿を変えた祈りでもあったのです。
祈るとき、人は心を鎮めなくてはなりません。ひとり、大いなるものの前に進み出なくてはなりません。そのとき、孤独であることを求められます。
詩の神は、しばしば私たちに独りの時間を持て、と促してくるのです。

孤独にならなくてはならない

「壁」と題する詩からは、重吉が孤独のときにいかに豊饒な経験をしていたのかが、ありありと伝わってきます。

秋だ
草はすっかり色づいた
壁のところへいって
じぶんのきもちにききいっていたい

「じぶんのきもちにききい」る、このことを実現するためには、静寂を生み出さなくてはなりません。そして、本質的な意味で孤独にならなくてはならない、そう重吉は感じています。

この詩における「壁」は、病に伏せっていた重吉が実際に見ていた壁に違いありませんが、同時にそれは自分と「神」とが出会う場所でもあったのでしょう。

「壁」は人間界からしばし離れること、そしてその奥に大いなるものを感じることの象徴的な表現です。彼にとって孤独とは「神」と静かに向き合うことにほかなりませんでした。自分を見つめるだけでは自分自身を知ることはできない。それを大いなるものとの対話のなかで見出していかなくてはならない、というのです。

「秋」は昔から自己を見つめ、孤独のなかで無常を感じる季節として和歌に詠まれてきました。

心なき　身にもあはれは　知られけり　鴫《しぎ》立つ沢の　秋の夕暮れ

西行が詠んだ歌です。「心なき身」とは世界の深みを十分に感じられない己れ、ということです。鴫が飛び立つ沢の秋の夕暮れを見ているとそうした自分にも「哀れ」、すなわち無常と常なるものを同時に感じることはできる、というのです。

この歌で「秋」は世界の背景そのものです。重吉の詩における「秋」も同質のものです。秋は木々の葉の色を美しく染めている。世界が、壁に向かい、己れの心を見つめよといっている、というのです。詩を書くとき、重吉は古人と強くつながっているのがはっきりと分かります。

心を見通す「眼」の存在

これまで紹介してきた重吉の詩は四行、ないし五行でしたが、彼はすべてそうした様式で書いたわけではありません。しかし、短い詩が重吉の特徴であることも確かです。彼には一行の詩も複数あります。

木に眼が生《な》って人を見ている　（「冬」）

木に物を見る「目」はありません。しかし、重吉はもう一つの、心を見通す「眼」の存在を感じています。人間はいつも世界を見る側にいる。だが、私たちは見られる存在でもある、というのです。

ここでの「木」は、歴史の、あるいは自然の、さらにいえば超自然を示すものとして描き出されています。詩は、人間界を超えた彼方の世界からやって来るコトバを受け取ろうとするところに始まる、というのでしょう。

こうした詩を読むと、重吉に「素朴な琴」のような、自己や世界、さらには超越者とも深く通じる作品が託されるのも自然なことのように思えてきます。

第8章　いのちの詩　岩崎航がつかんだ人生の光

「いのち」と「こころ」は異なるもの

優れた詩、あるいは詩人と出会ったとき、その言葉に打たれるだけでなく、私たちの内面では自らもまた、詩を書けるのだ、という小さな自覚が起こります。詩人とは詩を書く人であるだけでなく、詩を世の中に広めていくことを使命としている人間であるようにも感じられます。

岩崎航（一九七六〜）の詩にはじめてふれたときの衝撃は、今でもありありと想い出すことができます。その詩に出会うことがなければ、私は自分で詩を書こうとは思わなかったかもしれません。

彼の詩集『点滴ポール　生き抜くという旗印』（ナナロク社）は、困難のなかにあった私を救い出してくれた言葉との出会いでもありました。

誰もがある
いのちの奥底の
熾火《おきび》は吹き消せない

消えたと思うのはこころの　錯覚

この詩で「こころ」と「いのち」は位相の異なるものとして描かれています。「こころ」の眼であっても、しばしば「いのち」のありようを見過ごすことがある、というのです。

日々の生活のなかで私たちは、落胆や失望、ときには絶望と呼びたくなることも経験する。そのとき、自分の「いのち」の火は消えた、あるいは消えかかっていると「こころ」は感じる。だが、それを彼は「錯覚」だというのです。

「燠火」とは、「燠」という文字が示しているように「奥」で燃える火のことです。たき火のように激しく炎を噴き上げるのではなく、炭の火のような、静かに燃え続ける炎を指します。

「いのち」の炎はまさに、そのように燃えている。ときに見えない炎のようにも感じられることもある。そして彼は、燠火は決して消えることがないとも書くのです。

もう一つ、ここで詠われているのは「こころ」の手ごたえと「いのち」の手ごたえの差異です。

「こころ」は感覚的な反応を求めがちですが、「いのち」からの呼びかけは、五感を超えてやってくる、というのでしょう。

「熯火」は、人生の意味、生きる意味、さらにいえば生の証しだといってもよいかもしれません。

火を手に持つことはできません。厳密には、火のありようを言葉にすることはできません。火は、一瞬たりとも同じ姿をしていないからです。生の証しは、語られざる姿をして顕現する、それが詩人である岩崎航の出発点なのです。

さらに見事だと思うのは、ここには一つも色を指す言葉が記されていないのに、読む者の心には、はっきりと熱の色彩というべきものが感覚されることです。

詩には、書かないで語るという現象が起こります。むしろ、書き得ないことを浮かびあがらせるのでなければ、詩と呼ぶには値しないのかもしれません。

「いのち」のはたらき

彼はほとんどの詩を五行で書きます。これは「五行歌」と呼ばれる様式で、このかたちに出会ったことは、彼にとって決定的な意味を持っています。

和歌の三十一文字、俳句の十七文字と似て、ある制約を課すことによって、かえって自由を凝縮し、意味を深化させることができる。彼にとっては四行でも六行でもなく、五行が最適だったのだと思います。

詩に動かされるのは、私たちの心に、詩情を受け止める場所やはたらきがあるからです。詩情を言葉にするのが詩であるとすれば、詩情を受け止めるものは、詩心と呼ぶことができそうです。五行という様式が、岩崎の詩心を目覚めさせました。

「書く」現場を彼は、次のように詠い上げます。

書いてみる
意外に書ける
萎《な》えていたのは

手じゃない
思いの力

詩の言葉は、手で書くのではない。それは「思い」でつむがれる、というのです。岩崎の言葉は、私たちの心に、彼の言葉でいえば「こころ」を超えて「いのち」へと訪れます。頭で読むことを穏やかに鎮めてもくれる。

人はしばしば知性の言葉をつむぎがちです。しかし、知性だけの言葉は、頭脳には届いても「いのち」には届かない。

人間の「いのち」には、大きく分けて四つのはたらきがあると考えられます。

知性
理性
感性
霊性

知性は、世界のありようをある論理でとらえようとするはたらき、あるいは、ちからです。論理はつねに言語的な論理とは限りません。これまで見てきたようにコトバの論理、意味の論理もあるのです。

理性とは、文字通り、世の「理《ことわり》」を認識するはたらきです。理念という言葉がありますが、理念を生み出し、現実化するのも理性のはたらきです。

感性は、世にある「うごく」ものを認識するはたらきといえると思います。「感く」と書いて「うごく」と読むのです。それは生命を感じるちからであるともいえそうです。

霊性というときの「霊」は、人間を超越したもの、ということで、現代人が「心霊」「幽霊」というときの「霊」とはおよそ関係がありません。霊性は、神仏などの世界をあらしめているはたらきを感じるちからです。

「性」というのは、ある「いのち」のはたらき／ちからのことです。

知性、霊性という表現のほかにも、男性、女性、異性という言葉もあります。男性とは、男という「いのち」のあり方を指します。それは外見とは必ずしも一致しません。肉体的には男でありながら、「いのち」としては女性である、という人は世の中に多くいます。

今日の性を考えるとき重要なのは、肉体と「いのち」を考えたとき、どちらを重んじるのか、ということなのです。もし、「いのち」が肉体を包む、と考えることができれば、「いのち」の性が優位であることはいうまでもありません。

知識が知性へと成熟するのにも時間を要しますが、たとえ知性だけが豊かでも人は、人生の深みをかいま見ることはできません。そのためには理性も感性もさらには、人間を超えたものを感じる霊性もなくてはなりません。岩崎がいう「いのち」とは、これらを統合したものにほかなりません。

本当に「おもう」ということ

霊性のはたらきのなかで、私たちにもっとも身近なのは祈りです。彼は祈りをめぐっても詩を作っています。

本当に
そう思わなければ

祈りでは
なく
呟《つぶや》きなんだ

本当に「思う」というのは、全身全霊でそう「おもう」ということでしょう。単に思考を働かせ、想像力をふくらませ、記憶をたどるだけでなく、祈念《きねん》という思いの奥の「おもい」のちからを目覚めさせたとき、人は、本当に何かを「おもう」といえるのではないでしょうか。

「思う」、「想う」、「憶う」、これらは皆「おもう」と読みます。祈念の「念」、「念う」もまた「おもう」と読みます。さらに「顧う」、「懐う」、「忖う」、「惟う」、「恋う」も、「おもう」と読むのです。

それぞれの「おもう」は、熟語にしてみると語感をより鮮明に感じることができます。思考、想像、記憶、念願、回顧、懐古、忖度、思惟、恋慕、こうした多様な「おもい」をすべて包含するような「おもい」が目覚めたとき、そこに真の祈りが始まる、というのです。

絶望という闇を照らすには

このように「いのち」を深く感じている詩人が、「魂」を詠いあげるのは自然のことです。彼は「闇の中の魂」がよみがえっていくさまをこう書き記しています。

弾力を失った
闇の中の魂に
生きゆく力を
蘇生させるには
自ら光となるのみだ

この詩を読んだとき、深く響き合うようにしてよみがえった言葉があります。

明石海人《あかしかいじん》（一九〇一〜三九）という歌人が自らの歌集の序に書いた一節です。

深海に生きる魚族のやうに、自らが燃えなければ何処《どこ》にも光はない

深海魚には、自らが発光体となって暗がりを照らすものがいます。それと同様に自らが光体となって、行く道を照らさなくてはならないというのです。明石海人は、ハンセン病を病んでいました。

ハンセン病は、今日の日本では完治しますし、感染の心配もありません。発症することも現代の日本ではほとんどありません。

ですが、戦後に特効薬が見つかるまでは不治の病として恐れられ、多くの人が、その病に起因する合併症などのために亡くなっていきました。ハンセン病は、からだのさまざまの部位の機能を奪う病でした。ある人は手を、足を、また、視力を失った人も少なくありません。海人は、二十五歳のときにハンセン病であることが分かり、三十七歳で亡くなっています。

「ハンセン病歌人」あるいは「ハンセン病詩人」という言葉があります。これまで海人

もそう呼ばれてきました。しかし、こうした表現を用いるのは、慎重であるべきではないでしょうか。病が大きな試練であったことは事実です。しかし、こうした表現をするとき「ハンセン病」という言葉は一種の記号になってしまいがちです。それを見た私たちは、何も理解できていなくても、何か分かったような気になりがちなのです。

耐えがたい人生の日々を生きた人間が、熾烈な詩を宿すのは自然なことです。しかし、それを病名によって説明するのは大変危険なことだとも思います。

先の一節は、彼が亡くなる少し前に刊行された歌集『白描《はくびょう》』の冒頭に記されています。海人の歌を一つだけ引きたいと思います。

この空に　いかな太陽の　かがやけば　わが眼にひらく　花花あらむ

空にどのような太陽が照り出せば、視力を失った私の眼にも見える「花花」はその姿を見せるのだろうか、というのです。

「自らが燃えなければ何処にも光はない」と強く語った人が、別なところでは、このような深い絶望を感じていたことを見過ごさないでいたいと思います。また、彼が苦しまなくてはならなかった原因には、ハンセン病という病を背負った人々への不当な差別があったことも、けっして忘れてはならないと思います。

真の幸福とは

岩崎航は、一九七六年に仙台で生まれています。彼は三歳ごろに発病、翌年に進行性筋ジストロフィーと診断されます。今も彼は日々、ベッドの上で暮らし、言葉をつむいでいます。彼は、自らの病をめぐって、「呼吸器なしで、思いきり心地よく息を吸いたい」と書いたあと、こう言葉を継いでいます。


でも、それができていた子どもの頃に戻りたいとは思わない。多く失ったこともあるけれど、今のほうが断然いい。

大人になった今、悩みは増えたし深くもなった。生きることが辛いときも多い。でも「今」を人間らしく生きている自分が好きだ。

絶望のなかで見いだした希望、苦悶《くもん》の先につかみ取った「今」が、自分にとって一番の時だ。そう心から思えていることは、幸福だと感じている。

真の幸福とは、何かを所有したり、評価を得たりすることではなく、「今」と深くつながり、「自分」を生きることだというのです。

別な言い方をすると、ほんとうの「自分」は、「今」の世界にしか存在しない、という厳粛な事実を発見し、それを味わうこと、それが真の「幸福」だというのでしょう。

「いのち」に届く言葉

彼の日常を介護しているのは両親です。その姿を詠った詩も美しく、また、たくましいものです。言葉は、あるべき場所にあるとき、美しいだけでなく、ちから強くも感じられます。

雪が
降っていて
手鏡を
そっと差し出す

母がいて

この光景は、二重の意味で、岩崎航が、子規の後継者であることを感じさせます。晩年の子規と似て、寝返りを自由に打つことができない彼に、母は、静かに降る雪をみせようとして、そっと手鏡を差し出す。ここには子規のいう写生の精神が生きています。鏡に映った景色を通じてこそ感じ得る世界の実相を、彼は見事に言葉にしています。
もう一つ、彼の父母が、苦しみ、悲しむ彼に、掛ける言葉もなく、背中をさするほかないとき、この詩人が感じたものを描き出した作品があります。

何にも言わずに
さすってくれた
祈りを込めて
さすってくれた

決して　忘れない

祈りはしばしば、目に見え、耳に聞こえる言葉ではなく、不可視な「コトバ」によって行われるということを、これほどありありと謳いあげた詩を、私はほかに知りません。

祈りのコトバは岩崎の全身に、そして彼の「いのち」にも届いている。この詩を読むと、真の祈りとは、肉体の奥にある「いのち」が不滅であることを、まざまざと経験させてくれる出来事であることが分かります。

光に出会うための闇

行動において彼は、必ずしも自由であるとはいえません。しかし、これまで見てきた意味の世界では、真の自由を経験している、といえるようにも思います。岩崎や海人が示してくれた生の深みは、私たちにもあります。彼らの詩歌を読むことは、私たち自身が自己のうちに「光」を見出す道程になるのではないでしょうか。

先に海人が「光」と「眼」を歌に詠んでいました。岩崎にも同質の詩があります。

どんな
微細な光をも
捉える
眼《まなこ》を養うための
くらやみ

この詩を読んだときの衝撃は、今もなまなましく残っています。闇は光が失われた状態ではない。むしろ、人は闇を生きることによって「微細な光」を見逃さなくなる。私たちが「光」の存在に鋭敏である必要があるのは、自らのためだけではありません。隣人が闇を感じることも、家族が、あるいは地域、国、さらには時代が闇に包まれることもある。そのとき、詩人は、光の見者でありつづけなくてはならないというのです。

光が見えにくくなるとき、人はもっとも強く光を求めます。闇は、人が真の光に出会うために避けて通ることのできない道行きなのかもしれません。闇はときに「悲しみ」という姿をして私たちを襲ってきます。

乾かない
心であること
涙もまた
こころの
大地の潤いとなる

心が乾くとき人は、世界との交わりを十分に感じられなくなる。心を潤すのは、涙だと岩崎はいうのです。

ここでの涙は、涙腺からほとばしりでて、頬を濡らすものとは限りません。心を流れる涙であることもあるでしょう。

「こころの大地」という表現は、じつに印象的です。こうした言葉は、それを感じた者にしか書けません。身体の領域の奥に、「こころ」の境域と呼ぶべきひろがりがある。ここで人は、自己の人生を深めると同時に他者に向かって開かれていくのです。

平和でなくては生きていけない

私たちは今、平和とは何かを真剣に考えなおさなくてはならない時代に生きています。新聞やテレビでは論客たちが、持論を主張し、それぞれの平和論、あるいは反戦論を展開しています。しかし、そこに明確な手応えを感じることはほとんどありません。

なぜ、平和でなくてはならないのか。それは平和でなくては生きていけないからだ、と岩崎はいいます。

障がい者は戦争のない
平和の中でのみ
生きていける

だからこそ平和を担う
世界市民となれるはず

手助けを必要としている人の眼で平和をとらえなおす。いわゆる強者の立場ではなく、「弱者」の立場になって、平和の意味を考えなおしてみなくてはならないのではないでしょうか。

戦争は、社会的に弱い立場にいる人々を真っ先に危機に陥《おとしい》れます。岩崎はそのことをよく知っています。人の「いのち」が、本当の意味で平等であるならば、「いのち」が私たちを優劣の埒外《らちがい》へといざなうものであるならば、ここで彼がいう「弱者」を守り得る「平和」を、私たちは真摯《しんし》に希求しなくてはならないように思われます。

ここで岩崎が話そうとしているのは「反戦」というよりは「非戦」というべきかもしれません。彼は戦争に反対するだけでなく、その意味を根底から否もうとしているように感じられます。

最後に彼の「宣言」ともいうべき作品を引きたいと思います。

ぼく自身も
誰かの伴走者となって
はじめて
完走できると
思うのだ

人は自分を主人公として、助けられる者として人生を送りがちですが、誰かを助ける者として生きることもできる。岩崎は、多くの人に援《たす》けられて生きてきた自分をよく知っています。彼にとって詩を書くとは、言葉によって他者の「こころ」の杖となり、「いのち」への道を「伴走」することなのです。

『点滴ポール』を購入してから、この本はいつもすぐ手の届く場所にあります。そして人生の困難にあって、ひとりで立ち上がることが難しいとき、私はひそかにこの詩集を開き、そこから吹いてくる「いのち」の風で、見えなくなっていた「燠火」をよみがえらせようとするのです。

第9章 生きがいの詩

神谷美恵子が問うた生きる意味

心の奥底が震えた詩

詩を読むとき、それを誰が書いたかが、あまり問題にならない場合があります。むしろ、作者を超え、言葉と向き合おうとする本能のようなはたらきが、私たちにあり、また、言葉もそれを求めてくることがあるように思います。作者よりも言葉が優位にある。これも詩の特徴の一つであるかもしれません。

たとえば、私たちが『万葉集』や『古今和歌集』を手にするとき、まず、心打たれるのは言葉であり、誰が書いたか、ではない場合が多いのではないでしょうか。先にふれた「よみ人しらず」という言葉のように、昔の歌人は、優れた歌が生まれると、作者の名前を伏せることがありました。

和歌だけではありません。詩の歴史には、名の知られていない人々によってつむがれた優れた詩が眠っています。

ある日、多くの詩人たちの作品が掲載されている数百ページの本を何気なく読んでいたとき、次の作品に出会いました。胸を打たれたというよりも、心の奥底が震えたように感じられました。

眠れないとき、私は詩を読みます。二、三篇の詩をゆっくり味わっていると心が落ち着きを取り戻すことが多いように思われます。しかし、次の詩に出会ったときは状況が違いました。心に小さな炎が灯ったようになり、その熱で容易に眠れなかったのを覚えています。

曲《まが》った手で　水をすくう
こぼれても　こぼれても
みたされる水の
はげしさに
いつも　なみなみと
生命の水は手の中にある
指は曲っていても
天をさすには少しの不自由も感じない

（「曲った手で」）

最初の行の「水」は、液体である水です。しかし、三行目の「水」は、それとはまったく異なるものです。それは先に見た岩崎航の言葉を借りれば「いのち」の水とでもいうべきものです。この詩人も六行目になって「生命の水」と書いていますが、それと同質のことは「手」においてもいえます。最初の行の「手」は、身体の一部である「手」ですが、六行目の「手」からはすでに身体性は消えています。

ここでは見えない「手」に見えない「水」があふれている光景が示されている。そして七行目の「指」になって再び身体としての「指」が描かれています。

わずか八行の詩にもかかわらず、物的存在と精神的——さらにいえば霊性的——存在が代わる代わる、それも「水」「手」「指」といった素朴な言葉によって、文字を変えずに描き出されているのです。めくるめく次元展開がここで実現されています。

私たちが暮らす「人間界」と彼方の世界——ここでは「永遠界」と呼ぶことにします——が、不可分なかたちで、しかし、不可同なものとして見事に描き出されているのです。

世界には奥行きがある。そのもう一つの永遠界によって、人間界が包まれている。そうした哲学的——存在論的——主題をじつに平易な言葉によって表わすことに成功しています。

読み継がれるのは真摯な言葉

この詩人は、技巧を凝らしてこの作品を完成させたのではないと思います。感じたままを、なるべく忠実に言葉にしようとしたのです。

この詩に出会ってから、彼の作品を探しました。本は絶版で入手は困難でしたが、いつしかこの詩人の遺族の方や友人とも知り合うことができ、その遺稿も読むことができました。それらを読んでも、いわゆる技巧とは無縁なのです。この詩人は、先の短い詩を、自らの人生に裏打ちされた「血」で書いています。それは詩を書くのを練習するということとは、まったく別種の営みです。

先の詩にあるような、世界のありのままの姿を、私も、どうにか言葉にしたいと願ってきました。しかし、できません。先の言葉にふれ、驚き、強く動かされるだけでなく、嫉妬のような気持ちも浮かび上がってきました。かなわない、そう感じたのです。

しかし、そうした感情の波をくぐり抜け、じっと言葉を眺めていると、彼が言葉を届けようとしているのが人間だけではないことがゆっくりと感じられてきます。

「指は曲っていても／天をさすには少しの不自由も感じない」と詩人は書いています。どうにかして天に言葉を届けたいけれどおもうようにならない。自分には曲がった指で天を指し、大いなるものを讃美することしかできない、というのです。

人にだけ送られているのではない言葉が、かえって人の心を動かす。これも詩の不思議なはたらきの一つです。

昔の歌人たちは、花に、鳥に、風に、月に言葉を送り届けようとしました。この詩人は、水に向かって語りかけるのです。『新約聖書』の「ヨハネによる福音書」には「水」をめぐって、次のような一節が記されています。

わたしが与える水を飲む人は、永遠に渇くことがない。

（フランシスコ会聖書研究所訳注）

詩人はこの一節への返歌のようなかたちで先の詩を書いたのかもしれません。

作者は、志《し》樹《き》逸馬《いつま》（一九一七～五九）という人物です。彼も先に見た明石海人と同じくハンセン病を患い、四十二歳で亡くなっています。

彼はキリスト者でした。彼の最初の詩集『志樹逸馬詩集』が刊行されたのは亡くなった翌年の一九六〇年です。二冊目の詩集『島の四季』が刊行されたのは没後二十五年が過ぎた一九八四年です。あれほど豊かな詩を書いた人物にもかかわらず、知られることのないまま、短くない月日が過ぎていったのです。

彼が生前に評価されたかどうかが問題なのではありません。むしろ、詩の世界において、いわゆる「評価」は二義的なものです。

ここで考えてみたいのは、真摯に書かれた言葉が、予期せぬ邂逅《かいこう》を通じ、読み継がれていくという不思議なのです。

貫かれた畏敬のおもい

志樹逸馬の名前をはじめて知ったのは神谷美恵子《かみやみえこ》（一九一四〜七九）の『生きがいについて』においてでした。この本は、二十世紀の日本においてもっとも重要な思想書の一つです。刊行からすでに五十年を経ていますが、今も新鮮さを失いません。すでに古典の風格を備えた著作となっています。

「生きがい」という言葉は、この著作によって今日のように知られるに至ったと考えてよいと思います。神谷は、この本で一度ならず志樹逸馬の言葉や詩を引用しています。彼女は志樹逸馬が暮らしていた岡山県のハンセン病療養施設長島愛生園《ながしまあいせいえん》に医師として赴任します。誰に頼まれたのでもなく、自ら赴いたのでした。神谷自身も詩集は出しませんでしたが、詩を多く残しています。没後『うつわの歌』と題する詩と訳詩を収めた本が刊行されています。そこに収められた詩「癩者《らいしゃ》に」にはこう記されています。

〔中略〕
なぜ私たちでなくてあなたが？
あなたは代《かわ》って下さったのだ
代って人としてあらゆるものを奪われ
地獄の責苦を悩みぬいて下さったのだ。

ゆるして下さい、癩の人よ

浅く、かろく、生の海の面《おもて》に浮かびただよい
そこはかとなく　神だの霊魂だのと
きこえよき言葉あやつる私たちを。

心に叫んで首《こうべ》をたれれば
あなたはただ黙っている
そしていたましくも歪められた面に
かすかな微笑みさえ浮かべている。

このおもいは、彼女の生涯を貫いています。彼女にとってハンセン病の人々は、自分の代わりに人生の労苦を背負った人に映ったのです。「浅く、かろく、生の海の面に浮かびただよい／そこはかとなく　神だの霊魂だのと／きこえよき言葉あやつる私たち」という実感は彼女だけでなく、ハンセン病を生きる人の姿を見、あるいはその言葉にふ

れた者にはおのずと湧いてくる心情ではないでしょうか。

彼女にとってハンセン病を生きる人たちは、「患者」ではありません。むしろ、師であり、彼女は彼、彼女らと、本当の意味で友になることを願ったのです。

晩年、神谷は重篤《じゅうとく》な病と大きな不自由を背負いながら生きなくてはなりませんでした。そのときには次のような詩を残しています。

こころとからだを病んで
やっとあなたたちの列に加わった気がする
島の人たちよ　精神病の人たちよ
どうぞ　同志として　うけ入れて下さい
あなたと私とのあいだに
もう壁はないものとして

（「同志」）

「壁」を感じながら、彼女が自分を訪れる患者やハンセン病の人々と接していたことを、見過ごしてはならないと思います。「壁」は、この上ない畏敬のおもいの表われでもあるからです。

苦しみを生きる人は、それを背負わない者には知り得ない出来事に直面している。そこに畏怖を感じながら治療すること、それが医師としての彼女の態度だったように思います。

「かなしみ」を腐敗させよ

神谷美恵子の本業は大学の教師でしたから、医師として愛生園に行くのは主に週末です。現代のように交通網が整備されていない時代に、長時間かけて自宅がある兵庫県の芦屋《あしや》と岡山県の療養施設を往復するという過酷な生活を彼女は何年も続けながら、ゆっくりと愛生園の人たちとの交わりを深めていきます。

『生きがいについて』は、外面的には神谷の単著ということになっていますが、内実的には彼女が接した多くのハンセン病患者たちとの「共著」だと考えた方が、神谷の実感にも近かったように思います。

そのなかで、彼女にもっとも強い影響を与えた人物が、志樹逸馬でした。神谷が引用している作品の一つに「土壌」と題する作品があります(神谷の引用文の記載には若干の誤りがありますので、神谷の選んだ部分を、原典に従って引用します)。

わたしは耕す
世界の足音が響くこの土を
〔中略〕
原爆の死を　骸骨《がいこつ》の冷たさを
血のしずくを　幾億の人間の
人種や　国境を　ここに砕いて
かなしみを腐敗させてゆく

わたしは

おろおろと　しびれた手で　足もとの土を耕す
どろにまみれる　いつか暗さの中にも延《のば》してくる根に
すべての母体である　この土壌に
ただ　耳をかたむける

詩人はここで自己の労苦だけを謳い上げることはしません。原子爆弾で亡くなった人、あるいは不条理の死を余儀なくされた無数の人々の悲痛と苦痛とつながろうとします。ここでの「土壌」は、大地でありながら同時に歴史でもあります。詠われているのはすでに亡くなっている人々でありながら、詩人には「生きている」存在として感じられているのがわかります。

さらにこの詩人は大地の「声」に耳をかたむけるといいます。大地には、大きな苦しみと痛みを背負って亡くなった人々の無音の声が記憶されている。「土壌」に刻まれた、先人たちの言葉にならない「声」を「聞く」こと、それが詩人の使命だというのでしょう。

「耕す」とは「いのち」をよみがえらせようとする営為にほかなりません。それは大地に新しい風、息吹を招き入れることでもあります。

「かなしみ」を腐敗させる、という表現も、姿を変えた新生の表現のように感じられます。自分の「かなしみ」は、誰も関心を示さない、落ち葉のようなものかもしれない。しかし、それを「腐敗」させることができれば、わずかであったとしても「土壌」を豊かにすることに参与できるかもしれない。「かなしみ」が養分になり、土が肥沃《ひよく》になれば、そこに根を張ることができる、というのです。

大地は、沈黙のうちに「かなしみ」をちからへと変容させる。そうした存在の神秘をこの詩人はまざまざと感じ得ています。

人はしばしば「かなしみ」を忌《い》む、しかし、「かなしみ」こそが生のちからである、それが志樹逸馬の確信だったように思われます。

悲しみによって他者とつながる

神谷美恵子は、優れた書き手でしたが、同時に秀逸な引用家でした。『生きがいについて』と並んでよく読まれた神谷の著作に『こころの旅』と題するものがあります。

ここでも彼女は詩を引用しています。

暗やみの中で一人枕をぬらす夜は
息をひそめて
私をよぶ無数の声に耳をすまそう
地の果てから　空の彼方から
遠い過去から　ほのかな未来から
夜の闇にこだまする無言のさけび
あれはみんなお前の仲間達
暗やみを一人さまよう者達の声
沈黙に一人耐える者達の声
声も出さずに涙する者達の声

（「暗やみの中で一人枕をぬらす夜は」『白い木馬』）

この詩人は、大きな苦しみを背負っていて眠ることができない。そんな夜には、耳に聞こえない「声」に耳をすませてみよう、というのですが、実態は、声ならぬ「声」が抗いがたい勢いで彼女を訪れているのでしょう。それを彼女は「無言のさけび」と詠っています。

ここには宮澤賢治（第6章）がいう「無声慟哭」、慟哭の果てで人は、声も涙も涸れ果てるという経験が描き出されています。先の詩にあった「声」も同質な「無音」のものです。どこからともなくやってくる「声」をこの詩人は、恐れることなく、それらは自分の「仲間達」の「声」だというのです。

「仲間」はいろんなところにいる。この世にいて、部屋で独り膝をかかえて泣いている者もいるかもしれない。行くあてもなくさまよい歩いている者もいるかもしれない。

無音の「声」は、地の果て、空の向こうからやってくる。「仲間」は、死者の国にもいる。彼、彼女らは、自らのおもいを語る言葉をもたない。おもいは、いっこうに言葉になろうとしない。そして、声も出さずに泣いている。

声に出さずに「涙する」ときの「涙」は、必ずしも目に見えるとは限りません。彼女の「仲間達」は、悲しみのあまり涙が涸れていることもある。

作者のブッシュ孝子《たかこ》という人物は、いわゆる詩人ではありません。彼女は二十八歳で病のために亡くなっています。没後、その遺稿を彼女の恩師がまとめて『白い木馬』という詩集として世に送り出しました。

この詩が優れているかどうかを論じようとは思いません。しかし、私にとっては人生を変えられた稀有なる詩です。さらにいえば、評価の言葉を拒むような厳粛な場所から生まれてきた詩なのです。

この詩は私の悲しみを深いところから照らし出してくれました。人は、悲しみの深みにあるとき、他者に向かって広く、そして深く開かれていることをこの詩人は教えてくれました。

悲嘆にくれ、人は部屋から出ることができないときもある。しかし、そのとき人は、感情の世界において、悲しみによって未知なる他者とつながっている、ということを彼女の詩が教えてくれたのです。

読まなければならないもの

愛生園で神谷が出会った詩人として、志樹逸馬と同様、神谷に大きな影響を与えた者に、近藤宏一《こんどうこういち》（一九二六〜二〇〇九）という人物がいます。『生きがいについて』にも彼の名前が出てきます。彼も詩を作る人でしたが同時に、ハンセン病の人々によって編成された「青い鳥楽団」という音楽隊を率いた人物でした。

彼に『闇を光に　ハンセン病を生きて』という詩文集があり、人間が生きる意味の深みが、切実な言葉で豊かに表現されています。

この本には次のような「読む」ことをめぐる鮮烈な言葉が記されています。

私は聖書をどうしても自分で読みたいと思った。しかしハンセンで病んだ私の手は指先の感覚がなく、点字の細かい点を探り当てる事は到底無理な事であったから、知覚の残っている唇と、舌先で探り読むことを思いついた。これは群馬県の栗《くり》生楽泉園《うらくせんえん》の病友が始めたことで、私にも出来るに違いないという一縷《いちる》の望みがあったからである。

「自分で読みたいと思った」という言葉には少し説明が必要だと思います。

ハンセン病の人々のなかには視力を奪われる人もいます。近藤もそのひとりでした。

そうした人には、目の見える人が本を読んで聞かせるのです。

ある日、友人が近藤に『新約聖書』の福音書を読み聞かせる。すると彼のなかで、それまで感じたことのなかった衝動が生まれたのです。彼に、どうしても自分で、人の声を介さないで言葉に直かにふれたいと強く願う気持ちが生まれる。しかし、先の一節にあったように、彼の指は病のために感覚を失っています。そこで彼は唇と舌で点字を読もうと決意するのです。

こうした読書を「舌読《ぜつどく》」といいます。これは近藤が発見した方法ではなく、彼が述べていたように、栗生楽泉園というハンセン病療養施設に暮らす人が試みたものでした。その人物を彼が「病友」と呼んでいることを覚えておいてください。「舌読」している人がいると聞いていた彼は、自分もその方法を試みてみたいと思うのです。

その様子を彼は、一篇の詩にしています。

ここに僕らの言葉が秘められている
ここに僕らの世界が待っている

舌先と唇に残ったわずかな知覚
それは僕の唯一の眼だ
その眼に映しだされた陰影の何と冷たいことか

読めるだろうか
星がひとつ、それはア
星が縦にふたつ、それはイ
横に並んでそれはウ
紙面に浮かびでた星と星の微妙な組み合わせ

読めるだろうか
読まねばならない
点字書を開き唇にそっとふれる姿をいつ

予想したであろうか……

ためらいとむさぼる心が渦をまき
体の中で激しい音を立てもだえる
点と点が結びついて線となり
線と線は面となり文字を浮かびだす

唇に血がにじみでる
舌先がしびれうずいてくる
試練とはこれか——
かなしみとはこれか——
だがためらいと感傷とは今こそ許されはしない
この文字、この言葉

この中に、はてしない可能性が大きく手を広げ
新しい僕らの明日を約束しているのだ
涙は
そこでこそぬぐわれるであろう

（「点字」『闇を光に　ハンセン病を生きて』）

点字には「星」という異名があります。突起が星のかたちを思わせるからです。それを唇と舌で読むとき、詩に描かれているように皮が破け、血が噴き出してくる。激痛が走る。それでも彼は読むのを止めない。その苦難を経てもなお、見出さなくてはならない何かがあると彼は感じているからです。

ここで近藤は「僕らの明日」という表現を用いています。彼がとらえていたのは「僕」の明日ではなく、「僕ら」の明日です。

彼は自分のためだけに読んでいるのではありません。言葉にふれることのできない「病友」のためにも読んでいる。私個人の関心を離れ、わが身を投じて「読む」。そこに浮かび上がってくる言葉が、いわゆる記号としての言葉とはまったく異なる意味のかた

まりであることは疑いをいれません。

詩は、私たちを「記号」の世界から「意味」の世界へと導いてくれます。同じ意味が二つとない「意味」の世界で私たちは、世に二つとない自己に出会うのではないでしょうか。

生きる意味を問う言葉

『生きがいについて』は、生きる意味、生の深みを経験する出来事と、どこで、どのような道程を経て出会うのかを論じた本なのですが、ここにはいくつもの詩が引かれています。

生きる意味を問う言葉は、哲学や宗教の書だけでなく、真摯に生きた者によってつむがれた詩に刻まれていることに彼女は気が付いていました。この本は、形を変えた神谷美恵子による詩選集でもあるのです。

同質のことは、私たちにもできるはずです。たとえば、心で読んだ言葉を書き写すとき、そこにあるのは紙の上に印刷された記号ではありません。それは「読まれ」、そして、書き写されることによって新生する、「いのち」の言葉になるのです。

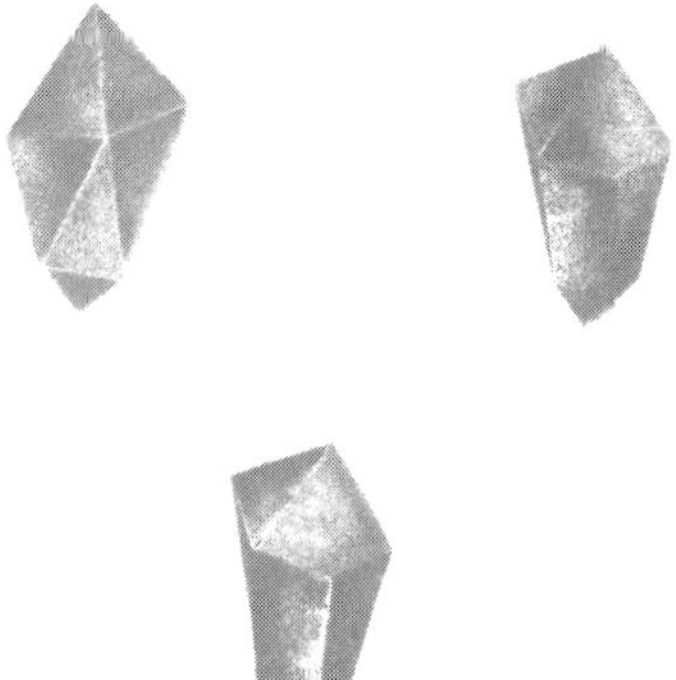

第10章 語りえない詩 須賀敦子が描いた言葉の厚み

書き得ることと、書き得ないこと

詩とは、言葉によって言葉たり得ないものを現出させようとする試みであることは、これまでも見てきました。ですから詩を読むとは、記された言葉をたよりにしながら、書き得ない「コトバ」を感じようとする営みだということもできるように思います。

第3章でも述べましたが、この本での「コトバ」は、必ずしも言語としての言葉を意味しません。色、香り、律動、響き、あるいはかたち、沈黙という姿をしている場合もある、うごめく意味そのものを指します。

二十世紀日本を代表する文学者のひとりに須賀敦子《すがあつこ》（一九二九〜九八）という人物がいます。彼女の生前最後の著作となった『ユルスナールの靴』には、書き得ることと、書き得ないことをめぐって次のような一節が引用されています。

「ここに書いたことはすべて、書かなかったことによって歪曲《わいきょく》されているのを、忘れてはいけない。この覚え書は、欠落の周辺を掘り起しているにすぎないのだから。あの困難の日々、わたしがなにをしていたか、あのころ考えたこと、仕事、身をこがす不安、よろこびについて、あるいは外部の出来事から受けた深い影響、現実という試金石にかけられたじぶんにふりかかる終わることない試練などについても、わたしはまったく触れていない。たとえば病気について、またそれと必然的に繫がる、人には話さない経験についても、その間ずっと絶えなかった愛の存在と追求についても、わたしは沈黙をまもっている」

（須賀敦子訳）

この一節は、フランスの作家マルグリット・ユルスナールの小説『ハドリアヌス帝の回想』にあります。

ここで述べられているのは、人生の大事の多くは、語ろうと思っても語り得ないものであるということです。人は、それでも言葉をつむごうとします。詩は、あるいは文学とは、不可能であることを前提にした挑みであることをこの一文は物語っています。記されていないことと存在しないことは同じではありません。真に「読む」という営みが起こるとき、私たちは目に見える文字の奥に、見えない文字を感じるのではないでしょうか。同質のことは表情を見たときにも起こり得ます。笑顔の奥に見えない涙を感じることも私たちの人生にはあるのです。

先の一文には祈りの文字はありませんでした。しかし、祈りは、自分と神仏以外は誰も知り得ないコトバの時空のなかで展開していることを誰もが経験しています。もちろん、どんなに詳しく書かれた年譜を見ても、その人がいつ、どう祈ったかは記されていません。祈りのなかにその人の人生の真実が凝縮されていることは、少し考えてみれば分かります。

詩は、コトバの構造において、あるいは意味の構造において、祈りと近しい関係にあります。詩の読み手は、文字の奥に、記され得ない意味を感じることを促されているのです。

隠された悲しみ

さて、先の一節を翻訳した須賀敦子は、優れた作家であると同時に秀逸な翻訳家でもありました。書き手としての出発は翻訳からだった、といってもよいくらい、彼女にとって翻訳は重要な仕事でした。そのなかでも詩の翻訳において彼女は、とても豊かな仕事を残しています。

最初の著作となった『ミラノ 霧の風景』の「あとがき」には、北イタリアのトリエステ——サバが生まれたときこの土地はオーストリアの領地でした——に暮らした詩人ウンベルト・サバ（一八八三〜一九五七）の「灰」と題する詩が引かれています。

死んでしまったものの、失われた痛みの、
ひそやかなふれあいの、言葉にならぬ
ため息の、
灰。

死者たちの失われた痛みがこの世に響きとなってたゆたっている。人は、彼、彼女らが肉体をもってこの世にあったときのように、その存在を感じることはできない。しかし、その一方で、言葉では表わし得ない、「ひそやかなふれあい」を感じる、とこの詩人は詠います。

ここでの「ため息の、／灰」という表現は少し分かりにくいかもしれません。「ため息」が、言葉になろうとしない、隠された悲しみを意味しているのは分かります。問題は「灰」の一語です。

亡骸《なきがら》を荼毘《だび》に付す風習のある日本人は自然と、「灰」に亡き者の面影を感じます。それでも十分にこの詩を味わうことができますが、サバの場合、「灰」という言葉の背景にユダヤ教の聖典『旧約聖書』の存在があったのかもしれません。サバの母親はユダヤ人でした。

『旧約聖書』の「詩編」には次のような一節があります。

〔中略〕
わたしの日々は煙のように消え、
わたしの骨は炉のように燃えています。
わたしの心は日に焼かれた草のように枯れ、
わたしはパンを食べることさえ忘れました。
〔中略〕

わたしは眠れません。
屋根の上の鳥のようにただ独り。
〔中略〕
わたしはパンのように灰を食べ、
飲み物に涙を混ぜています。
〔中略〕

（「詩編 一〇二」フランシスコ会聖書研究所訳注）

「パンのように灰を食べ、／飲み物に涙を混ぜています。」とあるように、ここでの「灰」は、人生の避けがたい試練の象徴となっています。しかし、ユダヤ教の世界における「灰」はそれに留まりません。悲しみにあるときは、文字通りの意味で「灰」を頭からかぶる習慣がありました。

『旧約聖書』の中の「サムエル記」には「タマルは頭に灰をかぶり、着ていた袖つきの長い服を裂き、手で頭を抱えて、大声で泣きながら立ち去った」（十三章十九節）という記述があります。

先のサバの詩は、詩句としては短い四行詩ですが、そこには数千年の歴史に裏打ちされた文化が生きているのが分かります。

詩と深層心理学

深層心理学者のユングは、人間の意識は、個人の意識として完結するのではなく、家族などの共同体、時代、文化、歴史と深くつながっていると考えていました。

さらに、その哲学を継承したユング派の人々は、深層意識は「個人的無意識」「文化的無意識」「普遍的無意識」という多層からなると語ります。

先のサバの詩は、まさに、この三つが融合したものです。だからこそ、ユダヤ教という文化を知らない私たちの心さえも打つのです。

詩と心理学のあいだには、時間をかけて考えてみるべき問題が横たわっています。詩人が個人の立場や時代を超えた言葉をつむぐことは先にも見てきました。それだけでなく、詩を書いていると「詩的人格」と呼ぶべきものが語り始めるのに気が付くと思います。それは異性である場合が少なくないのですが、ユングのいう元型「アニマ／アニムス」を想起させます。

ユングは人間は誰もが内なる異性を宿していると考えました。その存在と対話し、受容することの意味を強く語ります。「アニマ」は男性の内なる女性、「アニムス」は女性の内なる男性を指す言葉です。

意識的な自我に対し、意識、無意識を包含する「自己」という存在があるとユングは考えました。そして、自我と自己が、統合し、かつ均衡した状態（ある種の調和）にあることの重要性を説きました。そのとき、人は、強い自分ではなく、「弱い」自分とも和解していかなくてはならない。もちろん逆もあります。弱い自分だけでなく、強靭《きょうじん》な「わたし」とも出会わなくてはなりません。

詩作は、ときにこの自我と自己の出会いを実現することがあるように思います。別ないい方をすれば、詩作は言葉という舟に乗って出かける人生の旅でもあるのです。そして、その旅の経験こそ、人生の危機にある者に、小さな光をもたらすことがあるのではないか、というのが私の経験なのです。

これは「私」一個人の経験なのではありません。二〇一三年から私は「読むこと」と「書くこと」を同時に行う講座を日本各地で行い、市井の人が書いた数千の詩を読んできました。そのうち数十人の人の作品は五年間にわたって読み続けてきました。それらの作品を見て、詩作が自我と自己との調和に大きく寄与する可能性を感じています。
書くということは、自分の書いたものを「読む」経験でもあります。「読む」と「書く」という営みは、何かを表現するだけでなく、人が、真の自分に近づいていく道程なのではないかと考えています。

作者は作品のすべてを知らない

詩は、どこまでも自由に読み、解釈して構いません。詩を意図的に蔑《さげす》むような行為は慎まねばなりませんが、唯一の正解にたどり着くような読み方を強いられることはありません。サバの詩をユダヤの文化を背景に読むこともできますが、それとはまったく異なる「読み」があってよいのです。

このことをめぐって思い出す記述があります。須賀敦子とは直接関係ないのですが、詩を味わうということにおいてきわめて本質的な問題なのでここで記しておきたいと思います。

『現代俳句』と題する本で、石田波郷《いしだはきょう》（一九一三〜六九）の句をめぐっての、ある解釈に付随した言葉でした。著者の山本健吉《やまもとけんきち》（一九〇七〜八八）は「私の解釈が作者の自句自註と違う」と述べ、「こういう作意と解釈の違いは、俳句にはよくあること」だとも述べているのです。

作者は作品のすべてを知らない。作品には作者や歴史的な事実に収まらない世界が潜んでいる。それを解き明かすのが読み手の役割だというのでしょう。これは俳句に限りません。文学すべてに合致することのように思われます。

しかし、その一方で先の「灰」のように、異文化の世界に生きる者には容易に知り得ない意味の深み、言葉の厚みがあるのも確かです。

詩を読むときは自由と歴史、この両面に開かれていることが重要であるように思われます。

「認知」と「認識」の違い

同質のことを私たちは絵を見るときにも経験しています。

ゴッホ(一八五三〜九〇)が、最晩年に描いた「烏《からす》のいる麦畑」と題する作品があります。これはゴッホが自殺する真近に描かれたという説がありますが、そうした歴史的事実とはまったく関連しない絵画との出会いも起こり得ます。

それは、麦畑から沢山の烏が飛び立っている画で、彼が自殺する直前に描いた有名な画の見事な複製であった。尤《もっと》もそんな事は、後で調べた知識であって、その時は、ただ一種異様な画面が突如として現れ、僕は、とうとうその前にしゃがみ込んで了《しま》った。

小林秀雄の『ゴッホの手紙』にある一節です。自らがまざまざと感じる動揺、さらにいえば戦慄《せんりつ》にも似た感動は、これがゴッホの遺作かもしれないという事実を「認知」するのとは別種の「認識」をもたらしたというのです。

ここでは「認知」と「認識」という似た表現を、それぞれ異なる営みを指す言葉として用いたいと思います。

「認知」は、社会的な事実を他者と同様に受け容れることを指す言葉です。五感や意識で世界を感じ、判断するちからと定義することができそうです。人は、年齢を重ね、身体的な機能が衰えてくると誰もが「認知」のはたらきの衰えを感じます。

一方、「認識」は、その人が、今、ここで、ただ一度だけの経験を全身で感じることを意味する言葉として用います。それは五感と意識を超え、無意識を含んだ全身全霊で行われる世界との交わりを指す表現とします。

詩において——あるいは言葉の芸術である詩を含む、あらゆる芸術において——は、「認知」よりも「認識」が重んじられます。

さらにいえば「認知」によってはじまった出来事を「認識」にまで深めていこうとするのが詩作だといえるようにも思います。

ですから「認知」的な事実と「認識」の実感がまるで違うのは自然なことです。複数の人間が「鳥のいる麦畑」を見る。ある人はそれを「認知」的に鑑賞することで終えてしまうかもしれません。しかし、小林のように人生を変えるような「認識」がそこに生まれることもあります。

彼は、その絵の光景と色彩を克明に活写したあとで、自らが得た感動をこう記しています。


全管弦楽が鳴るかと思えば、突然、休止符が来て、鳥の群れが音もなく舞っており、旧約聖書の登場人物めいた影が、今、麦の穂の向こうに消えた——僕が一枚の絵を鑑賞していたという事は、余《あま》り確かではない。寧《むし》ろ、僕は、或《あ》る一つの巨《おお》きな眼に見据えられ、動けずにいた様に思われる。

（『ゴッホの手紙』）

あるはずの麦畑、飛んでいるはずの鳥の姿も薄れていき、そこに未知なる世界の門が開かれ、耳には聞こえない「音」が鳴り響き、どうしてそう感じたのか、『旧約聖書』に登場するような人間の姿を見た。そればかりか、彼方の世界から自分を見つめる視線すら感じた、というのです。

この文章は「批評」です。しかし、描き出されているのはまさに詩的経験です。小林はあるとき、友人でもあった批評家の河上徹太郎《かわかみてつたろう》（一九〇二〜八〇）にふれ、この人物こそ本当の批評家で自分は「詩人」だと語ったことがあります。彼のなかで「批評家」は、「詩人」を包含するさらに高次な存在を意味していました。

小林にとって「批評」とは、対象を評価することではありません。その本質を見極め、言葉を通じて他者とわかち合うことです。「詩人」は本質を詩として歌う。内なる批評家がその準備をするのです。

私たちは詩を読むときにだけ、詩情を感じるのではありません。さまざまな芸術、さまざまな出来事のなかに詩情を認識しているのです。

悲しみを手放さない

もう一つ、須賀敦子が訳しているサバの詩を引きたいと思います。「ミラノ」と題する一篇で、彼女は、ミラノでの日々を中心に書いた自伝的作品であり、代表作でもある『コルシア書店の仲間たち』のエピグラフ（作品の冒頭に引く一節）に書き記しています。

石と霧のあいだで、ぼくは
休日を愉しむ。大聖堂の
広場に憩う。星の
かわりに
夜ごと、ことばに灯がともる

人生ほど、
生きる疲れを癒してくれるものは、ない。

おそらくここでの「石」は、生者の暮らす世界、人間界です。「霧」は、死者たちの国と人間界の境にあるものとして描かれています。別の見方をすれば「霧」は二つの世界を隔《へだ》てている、というよりも、つながっていることを示している、ともいえます。しかし、生者はその間を自由に行き来することはできない。

「大聖堂の／広場」は、物理的には、あの有名なミラノ大聖堂の前に広がる場所を指すのでしょうが、詩的な意味合いとしては生者と死者の出会う場所だと考えてよいと思います。

その場所では星の代わりに「ことば」に灯がともる、というのです。

ここでの「ことば」は生者が用いる言語ばかりではありません。死者のコトバである沈黙も含まれます。同時に、暗がりにあっても、生者は言葉の灯によって、亡き者の存在を感じることができるということも意味しているのだと思います。

「人生ほど、／生きる疲れを癒してくれるものは、ない。」との一節は分かりにくいようですが、落ち着いて考えると、生きることの、あるいは人生の不思議をじつによく表現しているのに気づかされます。

人は誰もが、耐えがたい悲しみを経験しなくてはならない。しかし、その悲しみの奥に人が探している、朽ちることのないものがあることもまた、確かで、人はやはり、生きることによってそれと出会うことになる、というのでしょう。

私たちは生きているから悲しみを経験します。しかし、生きているなかで、悲しみは単に悲痛の出来事には終わらないことも知っていくのです。

サバは、悲しみを愛しむ詩人でした。それは訳者である須賀敦子も同じです。サバの詩集『トリエステとひとりの女』にある「妻」という作品には次のような一節《いっく》があります。

〔中略〕

「うんざりだな、きみには、まったく」

ぼくは心のなかでそう返事する。そして考える。

この世でいっしょにどこかへ行ってしまいたいのは、

この悲しみだけ、この言葉のない悲しみのほかなにもないのを、

どうすれば、ぼくの天使がわかってくれるか。ぼくの痛みは

ぼくだけのもので、ぼくのたましいだけのものだと。
妻にだって、いとしい娘にだって、これだけは譲れない。
愛するものたちにも、公平には頒《わ》けられない。

(『ウンベルト・サバ詩集』)

この詩人は、どんなことがあっても悲しみを手放すことはない、といいます。さらに彼は「この言葉のない悲しみ」と述べ、悲しみの本質はけっして言葉にすることができないことを詠っています。

天使は、悲しむサバのもとに、それを取り除こうとして訪れる。しかし、サバは天使に向かって「うんざりだな」と独語する。

自分は悲しみから逃れたいのではない。それを深めたいだけなのだ、どうしてそれを分かってくれないのか、と天使に訴えるのです。

詩人は悲しみを愛しむ。それだけはもっとも愛する他者である、妻と娘にも打ち明けない、それほど貴いものだというのです。サバにとって悲しみは、大いなるものから与えられた恩寵《おんちょう》にほかならなかったのです。

悲しみを経験するとき、人は同時に「愛」を生きている。愛するものを失ったとき、人は真に悲しみの深みを生きているともいえるのではないでしょうか。

「時」のちから

私たちと詩との関係はしばしば、人生の試練を経るなかで強められていきます。それは人に隠れたところで深化し、強固になっていくのですが、ある地点に達するまで私たちはその変化に気が付きません。

自分で気が付かないうちに自分が変わっている、そうしたことは誰もが一度ならず経験しているのではないでしょうか。須賀敦子は、見えないところで生起している人間と芸術の交わりをめぐって次のように書いています。

詩にしても、音楽にしても、ゆっくりと熟した時間のなかで、真正の出会い、といった瞬間はいつか訪れるのであって、それに到るまでは、どんな知識をそろえてみてもだめなのである。無駄というのでもないのだけれど、目も、あたまもが、空まわり、うわすべりの状態にとどまったまま、そのつめたさのまま、つめたいことにどこかで悲しみながら、作品に接している。神秘主義者たちがいう、たましいの暗やみの時間に似ているかもしれない。

（「ファッツィーニのアトリエ」『須賀敦子全集　第3巻』）

真に芸術との交わりを経験したいのなら、知識を蓄えるだけでは不十分だと彼女はいうのです。第8章で、知性、理性、感性、霊性は、共にはたらかなくてはならないことにふれました。須賀が感じているのも同質のことです。

ですが、ここで彼女は人間に備わっている、過ぎゆく「時間」とは異なる、永遠と結びついた「時」のちからも借りねばならない、というのです。知識は、人生の「時」と折り重なったとき、そのはたらきを発揮する。芸術の体験とは姿を変えた「時」との交わりだと須賀敦子は考えているのです。

美の世界へ赴くにはどうしても「時」のちからを借りなくてはならない。ここで彼女は「待つ」という行為の必然と意味を物語ってもいるのです。

言葉が訪れるとき

詩において「待つ」ことがいかに重要な営みであるかは、のちにリルケをめぐる章で言及したいと思いますが、それは「書く」ことに勝るとも劣らない創造的な営為です。ある詩人にとって詩は、言葉の訪れとして経験されます。それは人間の作為によるものというよりも言葉と人間との協同の行いである、と彼らは考えているのです。

そうした詩人のひとりにエウジェーニオ・モンターレ（一八九六〜一九八一）という人物がいます（須賀は「エウジェニオ」と書いています）。一九七五年にノーベル文学賞を受賞している近代イタリアを代表する詩人のひとりです。

須賀は、この詩人の「レモン」と題する詩を訳しています。

ある日　閉め忘れたドアのむこうの
中庭の樹々のあいだに
レモンの実の黄色がみえるとき
心の氷結が　不意に溶け

胸に音たてて迸《ほとばし》る
彼らの　うた
太陽の黄金《きん》の喇叭《ラッパ》

（『須賀敦子全集　第5巻』）

レモンが見えたのは、詩人がドアを閉め忘れたからだ、と読むこともできますが、何ものかが――サバのいう「天使」のような何かが――ドアを閉めさせなかった、ともいえると思います。天使は、レモンもまた、彼方の世界への扉になることを詩人に告げ知らせているのではないでしょうか。少なくとも須賀はそう感じているからこそ、レモンを「彼ら」と訳し、そこに生命あるものの実在を強く表現しているのではないでしょうか。

すでにお気づきの方も多いかと思いますが、この詩は、小説家梶井基次郎《かじいもとじろう》（一九〇一～三二）の小説「檸檬《れもん》」を髣髴とさせます。

梶井は京都の丸善書店に行き、本の上に檸檬を置き、それが世界の価値を変転させるほどのちからを有しているかのように描いています。

この作品における「檸檬」もモンターレの作品における「レモン」も、存在そのもののエネルギーが極度に凝縮したものの象徴であり、それはコトバの象徴でもあります。存在の深みに人がコトバとしてのちからを発見したとき、そこに革命にも似た出来事を惹起《じゃっき》させることができる、というのでしょう。

コトバに言葉を与える

詩人は、詩を作るというよりも、すでにコトバとして存在している詩情に言葉の姿を付与しているといえるのかもしれません。モンターレが詩を詠う現場を須賀はこう記しています。

この〔モンターレの〕詩には、かぎりなく密度の高い言葉の宇宙がある。存在の芯まで濡らしつくしてしまうような、冷たい山の空気のなかの、おどろくほど現実的、日常的な数々の「道具」の描写がおこなわれる。もちろん、すべては精密な心象風景であり、内面、さらに超自然の世界から送られてくる、かすかな、しかし鋭い信号音なのである。手紙は「こんなところから」発信される。

（「エウジェニオ・モンターレ」前掲書）

ここで「言葉の宇宙」と記されているものは「コトバの宇宙」と理解した方がよいように思います。そこで「言葉」はすでに言語の姿をしていないからです。

詩人のもとを訪れるのも言語ではなく「心象風景」であると須賀はいいます。さらにそれは「超自然の世界から送られてくる」と明言します。詩人とは、耳には聞こえない微かな「信号音」と須賀がいう存在の暗号を聞き分け、それを詩として世にもたらす者の呼び名だというのです。

第11章 今を生きる詩

高村光太郎が捉えた「気」

人間の捉えがたい「気」

詩とは何かを明確に定義するのは、おそらくどんなに優れた詩人でも容易なことではありません。しかし、同時に詩とは無数の定義を許すものだともいえます。ここまで、詩情は形式としての「詩」とは関係なく存在することを確かめてきました。

近代日本を代表する彫刻家であり、詩人でもある高村光太郎《たかむらこうたろう》（一八八三〜一九五六）は、自らにとっての詩を次のように述べています。

> 人間の捉えがたい「気」を、言葉をかりて捉えようとするのが詩だ。気は形も意味もない微妙なもので、しかも人間世界の中核を成す。（「気について」『緑色の太陽』）

詩とは、五感を超えて存在する「気」を捉《とら》えようとすることだというのです。これはよくよく考えてみなくてはならない言葉で、どんなに流麗《りゅうれい》な言葉で記されていても、「気」のない言葉でできた詩を詩と認めることはできない、という強い意思の表われだと読むこともできます。

さて、問題は「気」とは何かです。熟語を想起してみると、光太郎がいう「気」をよりはっきり感じることができるかもしれません。

「気配」、「人気」、「景気」という表現もありますが、「生気」あるいは「霊気」という言葉もあります。

「生気」は、いのちのはたらきです。一方、「霊気」は、人間を超えた何ものかのはたらきだといえそうです。光太郎は言葉によって生気、あるいは霊気を写しとる詩人であろうとしたのです。

失われた「空」

彼の詩集でもっともよく知られたのは、愛妻を詠った『智恵子抄《ちえこしょう》』です。その中で、もっとも知られているのは「あどけない話」という一篇ではないでしょうか。

智恵子は東京に空が無いといふ、
ほんとの空が見たいといふ。
私は驚いて空を見る。

桜若葉の間に在るのは、
切つても切れない
むかしなじみのきれいな空だ。
どんよりけむる地平のぼかしは
うすもも色の朝のしめりだ。
智恵子は遠くを見ながら言ふ。
阿多多羅山《あたたらやま》の山の上に
毎日出てゐる青い空が
智恵子のほんとの空だといふ。
あどけない空の話である。

智恵子が「空」がない、といったのは、もちろん空間的に空がないというのではありません。彼女にとって「空」は、目で見るものではなく、心で感じるものでした。それは空間的な存在であるとともに、永遠とつながる、時間を超えた「時」を実感させるものでもあったように思います。

彼女は、「阿多多羅山の山の上」にある空に、その地を流れている「時」を感じていたように感じられます。

おそらく彼女は、東京ではすでに、人間と空とのあいだにある有機的な交わりが失われていると静かに訴えているのでしょう。これまで見てきた言葉を超えた「コトバ」の観点からいえば、東京に暮らす人はもう空のコトバが聞こえなくなっている、智恵子はそうつぶやくのです。

詩は矛盾を突き破る

花鳥風月をはじめとした、万物から発せられる「歌」を感じる。『古今和歌集』の編纂者のひとりである紀貫之は書いていました。万物に詩魂と呼ぶべきものが宿っている、というのでしょう。その伝統は、まったく作風の異なる光太郎にも受け継がれています。

空は言葉を語りません。しかし、人は空を見るとコトバを感じることがある。ここには言語的な矛盾がある。詩はそうした矛盾と相剋《そうこく》を突き破って生まれてくる、と光太郎は信じています。

「自分と詩との関係」と題するエッセイで彼は、詩の誕生とそのはたらきをめぐって端的な言葉を残しています。

詩の世界は宏大《こうだい》であって、あらゆる分野を抱摂する。詩はどんな矛盾をも容《い》れ、どんな相剋をも包む。生きている人間の胸中から真に迸り出る言葉が詩になり得ない事はない。

詩の世界は広い。どのくらい広いかというとすべての分野をそこに包み込む、というのです。詩と関係が薄そうな科学の世界すらそうだと光太郎はいうのです。そして、詩の世界では矛盾が矛盾ではなくなる、というのです。

哲学者の西田幾多郎《にしだきたろう》（一八七〇〜一九四五）が「絶対矛盾的自己同一」というべきところに真理があると書いています。「絶対矛盾的自己同一」とは何ともむずかしそうな表現ですが、私たちの生活感にはむしろ近いものです。「絶対的」に「矛盾」する関係にあるものが「一」なるものに帰する地平がある、というのです。光太郎にいわせれば、それが詩の世界の不文律だということになります。

相剋は、善悪、美醜、正誤など相反する二者が存在するところに起こります。しかし、詩の世界ではそれらも衝突しない。

そして、詩の世界に生きる者は、詩のようなものを作ろうとしなくても、「胸中」から言葉を湧き立たせることができさえすれば、それは自ずと詩になる、というのです。

ありのままに見る

あまりに端的な表現で信じがたいかもしれませんが、次に述べられていることは本当です。

住みにくき世から、住みにくき煩《わずら》いを引き抜いて、難有《ありがた》い世界をまのあたりに写すのが詩である、画《え》である。あるは音楽と彫刻である。こまかに云《い》えば写さないでもよい。只《ただ》まのあたりに見れば、そこに詩も生き、歌も湧く。着想を紙に落さぬとも璆鏘《きゆうそう》の音《おん》は胸裏《きようり》に起《おこ》る。

生きづらいこの世の中から、煩いをとりのぞいて、日ごろはあまり感じることのできない世界のほんとうの姿を写すのが詩であり、絵、音楽、あるいは彫刻である。より精確にいえば、これらのものを作らなくてもよい。世界をありのままに見ることさえできれば、そこに詩が生まれ、歌も湧き上がる。想いを紙に書き記さなくても、その存在の音色は胸に立ち現われる。

夏目漱石の『草枕』のはじめに記されている一節です。表現は少し異なりますが、光太郎と同質のことがいわれています。

書かなくても「詩情」は世に生まれ出る。それを知りながら、あえて書くのが詩人です。それは言葉に置き換えるためではありません。それが目的であれば、詩情の意味と価値を減じることになるかもしれません。

先のように書いた漱石こそ、文字通り身を賭《と》して言葉をつむぎ続けた人でした。彼は、言葉たり得ない詩情を感じながら「書く」文字には、不可視な意味が刻まれるという言葉のはたらきを信じていたのです。そして、その隠された意味は、真摯に読み解こうとする者にも伝わることを知っていたのです。

意味を宿すために人間はいろんなことを考えました。詩の押韻《おういん》や文字数の制限などもそうした試みの一つです。

世の中には技巧を凝らした詩もあり、そこにも特有の美があります。もちろん、高く深い教養によって裏打ちされた――たとえば、藤原定家《ふじわらのさだいえ》や松尾芭蕉のように――詩句にも独自の魅力があります。しかし、そうした技量や知識がないところにも詩は宿ります。

触覚的な人間

光太郎はヨーロッパへの留学を経験し、フランス語にも長《た》け、美的感覚だけでなく、知性においても優れていました。しかし、詩を書くとき、彼が頼みにしたのはそれらの感覚ではありません。彼は自らを「触覚」的な人間であるといいます。

「触覚の世界」と題する一文で彼は「私は彫刻家である」と述べたあと、こう続けています。「多分そのせいであろうが、私にとって此世界《このせかい》は触覚である」。自分は彫刻家だから世界を触覚的に感じているのではない。触覚的に感じるから、彫刻家になったというのです。

先に見た「自分と詩との関係」で彼は、自分は詩人ではなく「私は何を措《お》いても彫刻家である。彫刻は私の血の中にある。私の彫刻がたとい善くても悪くても、私の宿命的な彫刻家である事には変りがない」と断言します。

光太郎にとって詩が余技だったのではありません。しかし、まず彫刻家であることが、自分に詩が宿るためのもっとも重要な前提になっている、というのです。

光太郎は「自分の彫刻を護《まも》るために詩を書いている」、自らの「彫刻を純粋であらしめるため」、そこに「他の分子の夾雑《きょうざつ》して来るのを防ぐため、彫刻を文学から独立せしめるために、詩を書くのである」とも書いています。詩作は彫刻を純化するときになくてはならない道程だというのです。

さらに「若《も》し私が此《こ》の胸中の氤氳《いんうん》を言葉によって吐き出す事をしなかったら、私の彫刻が此の表現をひきうけねばならない」と述べています。

ここで「氤氳」と記されているものが冒頭で見た「気」と同義であるのは、文字からも想像することができると思います。

光太郎は、自らを触覚的人間であると語る一方で、非触覚的なものを鋭敏に――あるときはあまりに鋭く――感じ得る人物でした。不可視な、また不可触なるもののはたらきがあまりに大きいとき、「かたち」というコトバによって世に顕われる彫刻の存在を脅《おびや》かすものになる、というのです。

先に山本健吉が、石田波郷の句にふれながら、読者の方が作者よりも作品の深みを知り得ると語っている文章を引きました、私たちは光太郎の文章にも同じ態度で臨んでもよいのかもしれません。

彫刻を純粋なものにするために詩を書いた、という光太郎の言葉に偽りはないでしょう。しかし、彼にとっての詩作がそこに留まるものかは別な問題です。そうでなければ、私たちは没後六十余年が経過した今も、彼の言葉を昨日書かれたような熱を感じながら読むことはできないと思います。詩には、詩固有の存在理由があったからこそ、光太郎は、誰にもまねできない詩を書き続けられたのではないでしょうか。

ふれ得ないものにふれる

光太郎には、詩は詠むが彫刻は作らなかった時期があります。

戦争が終わった一九四五年の十月から一九五二年まで、光太郎は岩手県の花巻《はなまき》の郊外の小屋で独居生活をします。今日も、その建物が残されていて、当時の生活をかいま見ることができます（高村光太郎記念館も隣接しています）。

戦時中、戦意を鼓舞する詩――「戦争協力詩」という表現を使う人もいますが、そうしたレッテルには違和感を覚えます――を作るなどの自らの行動を悔い、自責の念に駆られ、極寒の地で暮らすことを決意します。

ある年の冬、彼の家のあった場所を訪れたことがあります。それは質素という言葉がふさわしく、囲炉裏《いろり》のほか生活する最低限のものしかありません。すでに老年だった彼には過酷な生活環境です。

彼があの厳寒といってよい地で死を迎える覚悟があったのはすぐに分かります。しかし、そこで彼が亡くなることはありませんでした。花巻を出て、光太郎は東京に戻り、「乙女の像」という大作を作り、五六年に亡くなります。

花巻の日々で、彼にとってもっとも大切だったのは、自らを裁くことではなく、亡き智恵子との対話だったように思われます。

七年間、光太郎は彫刻を作りませんでしたが、詩は詠んでいます。このときの詩は、彫刻を準備するものではありません。文字通り、彼の生命線となっています。智恵子亡き後、光太郎にとって詩を書くことは智恵子に手紙を送るような営みだったように思われます。

『智恵子抄』には死者となった妻の存在を詠う詩が複数あります。「亡き人に」と題する作品もその一つです。

雀《すずめ》はあなたのやうに夜明けにおきて窓を叩く
枕頭のグロキシニヤはあなたのやうに黙つて咲く

朝風は人のやうに私の五体をめざまし
あなたの香りは午前五時の寝部屋に涼しい

私は白いシイツをはねて腕をのばし
夏の朝日にあなたのほほゑみを迎へる

今日が何であるかをあなたはささやく
権威あるもののやうにあなたは立つ

私はあなたの子供となり
あなたは私のうら若い母となる
あなたはまだゐる其処《そこ》にゐる
あなたは万物となつて私に満ちる

私はあなたの愛に値しないと思ふけれど
あなたの愛は一切を無視して私をつつむ

ある日、光太郎は、自分がひとりでいるとき、智恵子の訪れをより鮮明に感じることに気が付いたのではないでしょうか。亡き智恵子は、「風」のように訪れ、そこに伴う「香り」は部屋中を満たす、というのです。死者となった智恵子を光太郎は以前よりも近く、そして強く感じている。

ここに見られるのは、肉体を介さない、心と心、さらにいえば「たましい」と「たましい」のふれあいです。「私はあなたの子供となり／あなたは私のうら若い母となる」

という言葉に示されているように、智恵子は光太郎の守護者でもありました。最後の一節は彼の死者に対する実感をよく示しています。自分は、愚かで智恵子の愛に値しない。しかし、死者はけっして裁くことはない、というのです。

ここで注目したいのは、光太郎は、死者である智恵子を目で見ないことです。先の詩にもそのような記述はありません。むしろ、「あなたは万物となつて私に満ちる」というのです。何かが存在する、というよりも、遍在する仕方で光太郎は智恵子を感じています。

詩のコスモロジー

同じ『智恵子抄』に収められた「元素智恵子」と題する作品では、二人の関係がより強く表現されています。

智恵子はすでに元素にかへつた。
わたくしは心霊独存の理を信じない。

智恵子はしかも実存する。
智恵子はわたくしの肉に居る。
智恵子はわたくしに密着し、
わたくしの細胞に燐火を燃やし、
わたくしと戯《たわむ》れ、
わたくしをたたき、
わたくしを老いぼれの餌食《えじき》にさせない。
精神とは肉体の別の名だ。
わたくしの肉に居る智恵子は、
そのままわたくしの精神の極北。
智恵子はこよなき審判者であり、
うちに智恵子の睡《ねむ》る時わたくしは過《あやま》ち、
耳に智恵子の声をきく時わたくしは正しい。

智恵子はただ嘻々《きき》としてとびはね、
わたくしの全存在をかけめぐる。
元素智恵子は今でもなほ
わたくしの肉に居てわたくしに笑ふ。

「智恵子はわたくしに密着し、／わたくしの細胞に燐火を燃やし、／わたくしと戯れ、／わたくしをたたき、／わたくしを老いぼれの餌食にさせない。」との一節を見るだけでも、死を超えてなお、深まる二人の交わりの深さは十分に感じられます。ただ、ここで注目したいのは「元素」という言葉の語感です。

先に光太郎は、自分を「触覚的人間」だと述べていました。死者を「元素」として感じる、という感覚もそれと無関係ではないように思われます。彼は「元素」となった智恵子は自らの「全存在をかけめぐ」り、ときに微笑みかけるとさえいうのです。彼のいう「元素」が、元素記号で表わせる物質でないことはこれらの言葉からも分かります。

しかし「心霊独存の理」を信じないといっているように、可視的な霊魂としての死者を彼は認めません。この詩で光太郎は「心霊」と「精神」を使い分けています。「心霊」は宗教的な言語で、「精神」はそれから自由な詩的言語になっています。

死者の存在の有無を宗教の世界に頼って感じるようなことはしたくない。そんな気持ちが光太郎にあるのは「元素智恵子」を一読するだけで明らかです。

光太郎は、さまざまな宗派が説く「心霊独存の理」から自由なところで、亡妻との新しい生活を愛しもうとしています。妻の死を前にして光太郎は自らをあらゆるイデオロギーから乖離《かいり》させ、内なる宇宙で智恵子との新しい生活をはじめようとしているのです。

深層心理学者の河合隼雄《かわいはやお》（一九二八〜二〇〇七）は、鎌倉時代の僧明恵《みようえ》を論じながら、真に心理学と呼ぶべきものは、人間を思想（イデオロギー）の世界から内なる宇宙の理（コスモロジー）へと導くものでなくてはならないと述べています。

同質のことは詩にもいえます。詩は人間をイデオロギーの呪縛《じゆばく》から自由にしてコスモロジーへ導いてくれます。それがいかに切実な問題であるかも、光太郎の詩は、私たちに教えてくれているように思われます。

第12章　言葉を贈る詩

リルケが見た「見えない世界」

コトバを待つということ

詩を世に生み出すには、三つのはたらきが不可欠なように思われます。

一つは、人間のはたらき、もう一つは、言葉——あるいはコトバ——のはたらき、もう一つは、時のはたらき、より精確にいうと「今」のはたらきがなくてはならない。

リルケ（一八七五〜一九二六）は、代表作の一つ『ドゥイノの悲歌』を十年の歳月を費やして書きました。一九一二年一月から始まり、一九二二年二月に書き終えています。その間、ひたすら書き続けたのではありません。彼が詩を書くのは、コトバが訪れるときだけです。書けない時期も長くありました。その間、彼はじっと、どこからともなく、コトバがやってくるのを待つのです。

心にコトバが来訪するとき、必ずしも言語の姿をしているわけではありません。それは「名状《めいじょう》し難い嵐」として顕われることもありました。文字通りの意味での忍従を経て、この作品を完成させたとき、一九二二年二月十一日にリルケはもっとも信頼する女性に次のような手紙を書き送っています。

受け取ったのは、マリー・フォン・トゥルン・ウント・タクシス＝ホーエンローエ侯《こう》爵《しゃく》夫人です。彼女は、北イタリアのトリエステ——先に見たウンベルト・サバの故郷です――の近く、ドゥイノにある館を、リルケに提供するなどして、この作品が生まれるのを支えたのです。

すべてが二、三日の間に出来上りました、それは名状し難い一つの嵐、精神の颶《ぐ》風《ふう》(以前のドゥイノの時と同様)でした、私の内部のすべての繊維、すべての組織はめりめりと音を立てて引裂けてしまいました、――食事などは思いも寄りませんでした、誰が私を養って呉《く》れたのかふしぎなくらいです。
でももうそれは出来たのです。あるのです。あるのです、
アーメン。
私はかくて此の物のために生き抜いて来たのです、すべてに堪えて。すべてに。
そして必要だったのは、これだったのです。ただこれだけだったのです。

(『ミュゾットの手紙』高安国世訳)

これがリルケの詩作の現場でした。コトバは、彼の肉体を突き破るようにして顕われるというのです。彼は自分が詩に没頭していた期間が二日なのか三日なのかも分からな

い。その間、食事などはしなかった。どうやってその日々を生きていたか不思議だとすらいいます。

「これ」とは、詩のことです。それが世にもたらされるために、すべての苦しみと闘いはあったのだとリルケはいう。その姿は、まるで赤子を産む母親のように映ります。

リルケの場合、それは比喩ではなかったのかもしれません。のちに見るように、彼にとって詩人であるとは、何ものかから託されたコトバといういのちを育て、言葉として世に送り出すことだったからです。

必要とする人に言葉を届ける

また、先のタクシス夫人への手紙にリルケは、「初めからあなたに属している物を、あなたに差上げる事はできません」と書いています。場所だけでなく、時間も、境遇もすべては夫人から与えられたものであるから、彼女に詩を捧げることはできないというのです。

しかし、そう書く彼にとっては、言葉こそが、もっとも高貴な贈り物たり得たことは容易に想像できます。詩の訪れのないとき、リルケは手紙を書きました。言葉を必要としている人に言葉を届けること、それが自らに託された使命だと彼は感じていました。彼の書簡はじつに多く残されています。手紙は、受け取った人がそれを捨ててしまえば残りません。しかし、リルケの手紙の多くは受領者によって大切に保管されました。その言葉が、相手にそうさせたに違いありません。

手紙は、とても個的な関係で生まれるものです。多くの場合、ひとりの人が、ひとりの人間に向かって書く。この一対一の空間でしか生まれ得ない言葉の密度があることをリルケは体感的に知っています。彼は多く読まれる言葉を残そうとしたのではありません。確かに読まれる言葉の通路になること、それを自分の使命だと考えたのです。

彼の書簡のなかでもっともよく読まれているのは『若き詩人への手紙』としてまとめられたものです。この書名は、あまりに広く流布《るふ》しているので、こうした題名の小説なのかと思う人もいるかもしれません。私がそうでした。

高校生のとき、はじめて古書店で文庫本を買い求め、読んだときも、あまりに完成された言葉から本当の手紙だと分からなかったくらいです。手紙の受取人であるフランツ・クサーファ・カプスの序を後で読んで、これが正真正銘の、書簡であることに衝撃を受けました。

ある日、まったく面識がないにもかかわらず、カプスはリルケに自らの詩稿を送りつけます。この著作は、それを手にしたリルケが書いた手紙がまとめられたものなのです。その冒頭にリルケは、送られてきた作品をめぐって批評をいうことはせずにいたいと思う、と述べつつも、詩とは何であるか、詩人であろうとする者は、どのような態度で世界と向き合わなくてはならないかを諄々《じゅんじゅん》と語り始めるのです。「物事はすべてそんなに容易に摑《つか》めるものでも言えるものでもありません、ともすれば世人はそのように思い込ませたがるものですけれども」と述べたあと、彼はこう続けています。

たいていの出来事は口に出して言えないものです、全然言葉などの踏み込んだことのない領域で行われるものです。それにまた芸術作品ほど言語に絶したものはありません、それは秘密に満ちた存在で、その生命は、過ぎ去る我々の生命のそばにあって、永続するものなのです。

（『若き詩人への手紙』高安国世訳）

詩とは、「出来事」と呼ぶべきものを言葉に結実させようとする、ほとんど不可能といってよい行為への挑みだとリルケはいう。それは言語の領域で行われるのではない。これまで見てきた表現でいえば、コトバの世界で生起すると述べ、若者に外界を見る「目」とは別な、内なる世界を観る「眼」を開くようにと諭すのです。

またリルケは、芸術は、言葉の彼方にあり、神秘的なもので、そのいのち――すなわち美のいのち――は、永遠なるものだとも語ります。詩は、人間のかたわらにあって、過ぎ行く肉体の奥に、けっして消えることのないものがあることを告げ知らせる。

詩にふれるとは永遠の世界への扉の前に立つことであり詩作とは、その扉を準備することだというのです。詩を読んだ者が、過ぎ行くことのない何かを感じ得ること、それが詩であることの基盤だとリルケはいうのです。

生きている死者の存在

第2章で、詩とは無常を描き、「常」なるもの、すなわち永遠を描き出そうとする営みであることに言及しました。ここでリルケが述べているのも同質のことです。

彼にとって詩を書くとは、永遠の世界と交わることであり、そこからコトバを受け取ることでした。詩は、目に見えないものから託されたものだったのです。『ドゥイノの悲歌』を読むとは、そうした詩の世界をまざまざと目撃することにほかなりません。この作品では、詩の誕生をめぐって次のように記されています。

声がする、声が。聴け、わが心よ、かつてただ聖者たちだけが
聴いたような聴きかたで。巨大な呼び声が
聖者らを地からもたげた。けれど聖者らは、
おお、可能を超えた人たちよ、ひたすらにひざまずきつづけ、それに気づきはしなかった。
それほどにかれらは聴き入るひとであったのだ。おまえも神の召す声に
堪えられようというのではない、いやけっして。しかし、風に似て吹きわたりくる
声を聴け、
静寂《せいじゃく》からつくられる絶ゆることないあの音信《おとずれ》を。

あれこそあの若い死者たちから来るおまえへの呼びかけだ。

（『ドゥイノの悲歌』手塚富雄訳）

聖者たちは、「巨大な呼び声」「神の召す声」を聞いた。自分はそれに値しない人間だ。しかし、同質の心持ちで「風に似て吹きわたりくる声」を聞かねばならない。「風」は確かに訪れている。詩は、「風」の声によって詩人のもとへと運ばれてくる。それは沈黙の響きのように顕われることもある、「死者」からの声ならぬ「声」による「呼びかけ」だとリルケはいうのです。

彼にとって死者――生きている死者――たちこそ、詩のコトバを自身に託してくれる存在でした。

心に詩の空間を準備する

この作品には「提琴《ていきん》の音がおまえに身をゆだねてきたではないか。それらすべては委託だったのだ」という一節があります。この「提琴の音」も死者からの――そしてのちにふれるように天使からの——呼びかけの異名です。それは詩人の耳にだけ聞こえてくる。

ここでの「詩人」とは、世に詩人として認められた人ということではありません。誰の心にもいる内なる詩人のことです。人は誰もがその内なる詩人を宿している。だから、詩に心打たれることがあるのです。しかし、世の雑事に追われていると、なかなか詩人の感覚で世界と接することができない。先の一節にはこう言葉が継がれています。

しかしおまえはその委託をなしとげたか。おまえはあいも変らず
むなしい期待に心を散らしていたのではないか、見るもの聞くものすべてが
あたらしい恋人の予告であるかのように。

ここでリルケは、『若き詩人への手紙』で内なる世界に眼を向けよ、と若者に語ったのと同じ警告を自らに発するのです。自分で見たもの、自分で聞いたものを、自分のも

ののように詩にするだけで、本当によいのか、おまえの心は、おまえの思いでいっぱいになってはいないか、と問うのです。

詩を世に送り出すためには、心に詩の空間を準備しなくてはならない。自らの想念をひとたび鎮め、訪れるものにその場所を明け渡さなくてはならないというのです。

その場所、ここではそこを「空《くう》の場所」と呼ぶことにします。空の場所を訪れるのは死者だけではありません。リルケにとっては天使もまた、コトバによって詩を運んでくる存在でした。『ドゥイノの悲歌』では、多くのページが天使を詠うことに割かれています。

この作品は、次の一節から始まっています。

ああ、いかにわたしが叫んだとて、いかなる天使が
はるかの高みからそれを聞こうぞ？　よし天使の列序につらなるひとりが
不意にわたしを抱きしめることがあろうとも、わたしはその
より烈《はげ》しい存在に焼かれてほろびるであろう。なぜなら美は

怖《おそ》るべきものの始めにほかならぬのだから。われわれが、かろうじてそれに堪《た》え、
嘆賞の声をあげるのも、それは美がわれわれを微塵《みじん》にくだくことを
とるに足らぬこととしているからだ。すべての天使はおそろしい。

美は、自らの姿を世に現わそうとするとき、人に著しい労苦を強いることがある、とリルケはいうのです。それが彼の実感だったことは、先に見た『ドゥイノの悲歌』が完成したときに書かれた書簡にあった通りです。

「すべての天使はおそろしい」とリルケは詠います。ここで「おそろしい」と訳されている言葉は、単に恐怖の対象ではありません。これを訳した手塚富雄《てづかとみお》は大変優れた研究者であり翻訳者でした。彼はここに「恐れ」や「怖れ」だけでなく「畏れ」、すなわち畏怖の念もあることからあえてひらがなで記しているのだと思います。

畏怖するべきものを人は、しばしば恐怖の対象だと誤認してしまう。ですが、もしリルケが天使の訪れを恐怖とだけ受けとめていたとしたら、この作品が生まれることはなかったでしょう。彼は天使のコトバの来訪を前にして、畏怖と畏敬の念と共にペンを執《と》

ったのです。

世界を分けると見失うもの

天使との交わりは、リルケにとってまず、言葉とコトバをめぐる重大な出来事でしたが、同時に世界観を刷新するものでもありました。

天使はリルケに、生者の世界と死者の世界をあまりに明瞭に分けることは、「生けるものたちのつねにおかすあやまち」であると告げたというのです。

……しかしあまりにも際立《きわだ》って〔生者と死者を〕区別することは
生けるものたちのつねにおかすあやまちだ。
天使たちは（言いつたえによれば）しばしば生者たちのあいだにあると、
死者たちのあいだにあるとの別に気づかぬという。永劫《えいごう》の流れは
生と死の両界をつらぬいて、あらゆる世代を拉《らっ》し、
それらすべてをその轟音《ごうおん》のうちに呑みこむのだ。

人間界とは別の天使の世界、天使界と呼ぶべき場所から見れば、生者の世界と死者の世界に分断はない。それを峻別《しゅんべつ》することで人は多くのものを見失うことになる、と天使はリルケに告げるのです。

天使は、リルケにとってコトバをもたらすだけの存在ではありませんでした。それは死者も同じです。リルケは「天使に向かって世界をたたえよ」と詠います。さらに「天使にはただ素朴なものを示せ」という。彼にとって詩とは、人間に向かって存在の秘密を説くことに終わるものではありませんでした。この世界がいかに壮麗なものかを天使に向かって語ることでもあったのです。

天使や死者といった見えない隣人に向かって詩を書く。リルケはそれを実践しました。彼の詩が、どこまでも強靭で、しかし同時に精妙であるのは、この不可視な隣人たちをも読者にしているからなのでしょう。

同じことは、八木重吉が敬愛した詩人、ジョン・キーツにふれたときも述べました（第7章）。私たちもまた、天使や死者たちに向かって言葉をつむぐことができるのではないでしょうか。

人の生活を支える「美」

天使に向かって世界を讃える、この世を讃美するとき、リルケは「天使に物たちを語れ」といいます。

天使に物たちを語れ。そのほうがより多く天使の驚歎を誘うだろう、かつておまえが
ローマの綱つくりを見て、またナイルのほとりの陶工を見て驚歎したように。
天使に示せ、ひとつの物がいかに幸福に、いかに無垢《むく》に、そしていかにわれわれの所有になりうるかを。

第14章で詳述しますが、「民藝」という言葉を生んだ人物に柳宗悦という宗教哲学者がいます。「ローマの綱つくり」や「ナイルのほとりの陶工」、彼らのような市井の人々こそ、柳がいう民藝の工人たちにほかなりません。この一節を読んだとき、リルケと柳の魂が強く共振するのを烈しく感じたのを覚えています。

先のリルケの一節に柳の言葉を重ね合わせると、時空を超えた共鳴に驚かされます。

「雑器の美」と題する、ほとんど最初といってよい民藝論にそれを確認できます。

そこで柳は、「自からは美を知らざるもの、我に無心なるもの、名に奢《おご》らないもの、自然のままに凡《すべ》てを委ねるもの、必然に生れしもの、それらのものから異常な美が出るとは、如何《いか》に深き教えであろう」といいます。ここでの「異常」とは、「常」ならぬもの、尋常ならざるものであることを示しています。美は、己れが美の使徒であることを認識しない者たちによってこの世にもたらされるというのです。

さらに柳は、そうした工人たちの姿を見て、「凡《すべ》てを神の御名においてのみ行う信徒の深さと、同じものがそこに潜むではないか」と記す。彼らこそ、美の使徒であると柳は考えました。さらに彼、彼女らと美との関係を高らかに謳いあげるように書き進め、次の一節で終えています。

「心の貧しきもの」、「自からへり下るもの」、「雑具」と呼びなされたそれらの器こそは、「幸あるもの」、「光あるもの」と呼ばるべきであろう。天は、美は、既にそれらのものの所有である。

(『民藝四十年』)

柳の「天は、美は、既にそれらのものの所有である」という一節と、リルケの「天使に示せ、ひとつの物がいかに幸福に、いかに無垢に、そしていかにわれわれの所有になりうるかを」とを並べてみれば、そこを貫くのが、一なる美への敬虔なる思いであることが分かります。

またリルケは『ドゥイノの悲歌』で、「心に情感のみなぎるとき、そのいぶきをあびて、物たちの一つ一つが歓喜にみちて躍動する」とも書いています。これこそ、民藝を前にしたときの柳の心情だったのではないでしょうか。柳が「民藝」を重んじたのは、美を産もうとしないところに美が生まれるのをその品々に見たからです。

無名な者が、日常生活で用いられる雑器を作る。日々の生活に耐えられるようにと、頑丈に、しかし、心の彩りがそっと添えられたものをひたすらに作る。そこに真実の美が生まれる。美は、人間の生活を支えるだけでなく、私たちはどこから来て、どこへ行くのかという存在の問いをめぐってまで、静かに語りかける。

このことは詩をめぐっても起こっている。柳宗悦が器で行ったことを、言葉において、それも詩において行うことは可能なのではないかと思うのです。ここでの「詩」は、かならずしも形式としての詩歌に限りません。詩情をもって、切々と記されたコトバです。

別ない方もできるかもしれません。切々たるコトバは、おのずから詩情を帯びる、その方が精確なようにも思われます。

一度だけの「今」を生きる

すべて出来事は、一度しか起こりません。それは切々たる心情でとらえるにふさわしい、稀有なる事象の連続です。世界は、そして世界の一部である私たちもまた、一瞬たりとも止まることなく、動き続けています。詩は、世界がうごめいているさまを言語だけでなく、余白を含み込んだコトバによってすくいあげようとする営みだということもできる。そのことをリルケは『ドゥイノの悲歌』でこう記しています。

あらゆる存在は一度だけだ、ただ一度だけ。一度、それきり。そしてわれわれもまた
一度だけだ。くりかえすことはできない。しかし、
たとい一度だけでも、このように一度存在したということ、
地上の存在であったということ、これは破棄しようのないことであるらしい。

同じ日常など存在しません。そのことに気が付きさえすれば、内なる詩人は静かに語り始める。今を生きたい、そう切に人が願うとき、詩のコトバが私たちの中から湧きたち、その道へと導こうとするように思われます。

この章の終わりとして『若き詩人への手紙』の一節を引きたいと思います。リルケは、詩のコトバをどこに探すべきかをめぐって、次のように書き記しています。

そんなことは一切おやめなさい。あなたは外へ眼を向けていらっしゃる、だが何よりも今、あなたのなさってはいけないことがそれなのです。誰もあなたに助言したり手助けしたりすることはできません。誰も。ただ一つの手段があるきりです。自らの内へおはいりなさい。

人は誰も、自らの詩情や心情を詠うに十分なコトバを宿しています。それを内なる宇宙に探せというのです。誰かのように、誰かよりも上手く、あるいは評価を求めるのではなく、無言の「声」として立ち上ってくる詩情を静謐《せいひつ》のうちに心で受けとめよ、そうリルケは若者に語りかけるのです。

第13章 自分だけの詩

大手拓次が開いた詩の扉

ます。

たった一つの言葉に出会う

詩を読むよろこびは無数にあります。言葉との出会い、詩人との出会い、歴史との交わり、あるいはさまざまな感覚の再発見につながることも少なくありません。究極的にそれは自己の発見というところに至ります。

また、詩の場合、それらを読むことはどこか心の世界を旅することにつながっているようです。私たちは旅先で、新しい言葉に出会い、未知なる人、歴史にふれ、未知なる風景や料理などの文化にふれながら感覚を磨いていきます。

旅で遠出するには時間やお金を作り、しっかりと準備をして臨まなくてはなりません。ですが、詩という乗り物で旅をする場合、事前の支度はまったく必要ありません。それどころか詩の方から飛び込んでくることもある。いきなり旅が始まるのです。

詩人の大手拓次《おおてたくじ》（一八八七〜一九三四）との邂逅は私にとって、文字通りの事件でした。第3章でも述べましたが、批評家の小林秀雄は自身と詩人アルチュール・ランボーとの出会いを一つの「事件」だと書いていました。

確かに、一つであれ、真に詩情に貫かれた言葉と出会うのは私たちにとってじつに重大な「事件」たり得るように思います。

たった一つの言葉であっても、それが本当に必要であれば、人は大きな労力と時間を費やしてでもそれを見出さなければならない。言葉は、それに値するものであることを大手拓次の詩は教えてくれました。

なぜ、どのような経緯で大手拓次の詩に出会ったのか、あまり思い出せません。それがいつのことなのかは覚えていないのですが、彼の言葉から受けた衝撃は、今もなまなましくよみがえってきます。

現代では、大手拓次の名前を知る人は少ないかもしれません。新刊書店で彼の詩集を探すのは難しくなっています。北原白秋、萩原朔太郎と同時代の詩人です。

彼は、詩を書きながら、ライオン歯磨本舗（現・ライオン株式会社）の広告部で文案係、今日でいうコピーライターの職に就いていました。雑誌には幾度も詩を発表していて、白秋や朔太郎もその実力を認めていました。

詩を生きるということ

彼は生前、詩集を世に問うことを幾度か試みたのですが実現しませんでした。白秋の序文と朔太郎の跋文《ばつぶん》を伴った第一詩集『藍色の蟇《ひき》』が刊行されたのは亡くなった翌々年（一九三六年）の十二月のことです。そこには次に引く「美の遊行者」と題する作品が収められています。詩を生きるということは、いかに美しく、また壮絶なものであるか、その光景がまざまざと描き出されています。

そのむかし、わたしの心にさわいだ野獣の嵐が、
初夏の日にひややかによみがへつてきた。
すべての空想のあたらしい核《たね》をもとめようとして
南洋のながい髪をたれた女鳥《おんなどり》のやうに、
いたましいほどに狂ひみだれたそのときの一途《いちず》の心が
いまもまた、このおだやかな遊惰《ゆうだ》の日に法服をきた昔の知り人のやうにやつてきた。
なんといふあてもない寂しさだらう。
白磁の皿にもられたこのみのやうに人を魅する冷たい哀愁がながれでる。

わたしはまことに美の遊行者であつた。
苗床のなかにめぐむ憂ひの芽望《め》みの芽、
わたしのゆくみちには常にかなしい雨がふる。

ここで「野獣の嵐」と呼ばれているのが詩情です。それも著しく烈しい、いたずらにそれにふれようとする者には身の危険さえあるようなものです。それが抗いがたいちからとして訪れ、彼の手にペンを握らせ、詩をつむがせようとする。

「空想」は、彼方の世界の様相をまざまざと感じることにほかなりません。彼にとって詩作とは、超越的世界からコトバの「核」を持ち帰って、それをこの世に植え替えることだった。

哲学者のプラトンは、知ることはすべて想い出すことだと述べています。本当の意味で「知る」とは、彼がイデア界と呼ぶ世界に存在するものを、この人間界に持ち帰ることを意味していました。プラトンにとって哲学者とは、イデア界から叡知を持ち帰り、人間界にそれを遍《あまね》く広げようと試みる者のことでした。

同質の実感は拓次にもあります。拓次の世界観はプラトンのそれと深く共振するものになっています。

人を内面から支えるもの

また「詩情」はときに、彼の前に「法服をきた昔の知り人のやう」に顕われました。ここでの「法服」は、法律家がまとう服ではなく、宗教者がまとう衣のことです。

この一語に、彼の宗教への態度が示されているのかもしれません。仏教では通常、「法衣」といいます。キリスト教では「祭服」と呼びます。拓次はあえて「法服」と書くことでそのあわいを描こうとする。

一見すると拓次の詩にはキリスト教的な世界観が描かれているように映ります。しかし、拓次は、いわゆる洗礼を受けたキリスト者ではありません。

彼はフランスの詩人シャルル・ボードレール（一八二一〜六七）に大きな影響を受けていますが、彼がこの詩人から受け継いだのは詩の技法やキリスト教思想ではなく、その向こうを目指す求道性だったように思います。

宗教的という言葉が特定の宗派の思想を反映するものであるとすれば、拓次は宗教的であるよりも、八木重吉〔第７章〕と同様に霊性的でした。拓次にとって詩作とは、人間界を超えた大いなる世界、人間を超えた大いなるものにふれようとする営みでした。彼は、宗派の彼方において、超越者のはたらきを感じようとしたのです。

もし宗教的信仰というものが、ひとの生を真に内面から支えうるものならば、それは、そのひとが宗教集団に属する属さないにかかわりなく、どんなところにひとりころがされていても、そのひとのよりどころとなりうるはずであろう。〔中略〕そのような精神化された宗教、内面的な宗教は必ずしも既成宗教の形態と必然的な関係はなく、むしろ宗教という形をとる以前の心のありかたを意味するのではないかと思われる。

これは、第９章でふれた神谷美恵子『生きがいについて』にある一節です。ここで神谷がいう「精神化された宗教」、「内面的な宗教」こそ、拓次の感じていた「宗教」にほかなりません。それは世にいう宗教以前の「宗教」、いわば原宗教とでもいうべきものです。

大手拓次は、近代日本屈指の霊性の詩人です。別ないい方をすれば、霊性という開かれた場から拓次の詩を読むとき、その未来性もまた明らかになるように思われます。

言葉という慰めを届ける

先に見た詩では、「なんといふあてもない寂しさだらう。」という一節を境に、その世界を大きく二分する構造になっています。

前半は、詩情が彼に根を下ろす以前の世界が描かれ、後半は、彼の存在が詩によって包み込まれた様子が描出されている。後半は「嵐」のような詩情によって彼の心がさらわれ、詩人として新生するさまがじつによく活写されています。

彼は自らを詩人とはいいません。「美の遊行者」だという。彼の生涯は美の巡礼者と呼んで何ら差し支えない真摯な、また敬虔なものでした。しかし彼は、畢竟《ひっきょう》自分は「遊行」しているだけだ、おもうままにこの世をさまよっているだけだというのでしょう。

遊行者は、物珍しいものを訪ね歩くのではありません。慰めを必要としている人に言葉を届けるために歩き続ける。

彼は「かなしみ」を探して歩いている。世の人の眼にはなかなか映らない、隠れた「かなしみ」を生きる者たちに言葉という慰藉《いしゃ》を届けようとしている。それゆえに「わたしのゆくみちには常にかなしい雨がふる」と詠わなくてはならなかった。

拓次は、詩の使徒でもありましたが、「かなしみ」の使徒でもありました。キリスト教において「使徒」とは、神のコトバを運ぶことに生涯を捧げた人の呼び名ですが、拓次の生涯は、言語だけでなく、豊かな詩情の奥にあるコトバをたずさえ歩く、コトバの使徒と呼ぶにふさわしいものでした。

『藍色の蟇』にある「しなびた船」にはそうした彼のおもいが切々と詠われています。

海がある、
お前の手のひらの海がある。
苺《いちご》の実の汁を吸ひながら、
わたしはよろける。
わたしはお前の手のなかへ捲《ま》きこまれる。

逼塞《ひっそく》した息はお腹《なか》の上へ墓標《はかじるし》をたてようとする。
灰色の謀叛《むほん》よ、お前の魂を火皿《ほざら》の心《しん》にささげて、
清浄に、安らかに伝道のために死なうではないか。

「逼塞した息」とは、詩のはたらきのことです。キリスト教だけでなくさまざまな宗教において「息」は万物を生かすものを意味しました。それが「墓標」を建てようとする。すなわち、「息」は、この世での役割を終えるまで自分を使役するだろうと拓次は詠うのです。

ここでの「わたし」は、生身の人間としての拓次です。一方、「お前」とは、詩神にわが身を明け渡した詩人としての己れのことでしょう。詩人になるとは「わたし」が新生し、「お前」になることでした。拓次にとって詩人であるとは、無私の「お前」を生きようとすることだったといえるかもしれません。

愛という「今」を永遠に刻む

拓次は、じつに多くの詩を残しています。その数は、未定稿をふくめるとおよそ二千四百を数える、と拓次研究の第一人者だった原子朗《はらしろう》（一九二四〜二〇一七）が『定本 大手拓次研究』に書いています。

そこには彼の恋愛を詠った作品も少なくありません。しかし、そのときも彼は、単に自分の想いを表現しようとしたのではありません。愛という出来事が起こる「今」を永遠に刻もうとするのです。

拓次には、薔薇を詠う作品が多くあります。次に引く「薔薇のもののけ」にも、個の恋が、永久の世界に昇華されていくありさまがつづられています。

あさとなく　ひるとなく　よるとなく
わたしのまはりにうごいてゐる薔薇のもののけ、
おまへはみどりのおびをしゆうしゆうとならしてわたしの心をしばり、
うつりゆくわたしのからだに、

たえまない火のあめをふらすのです。

「薔薇のもののけ」は、美の異名でもあるのでしょうが、恋の神の呼称でもあるように感じられます。それが、「しゅうしゅう」と蛇がとぐろを巻くように自分の心をしばりつける、というのです。ここでの「火」は、宮澤賢治（第6章）の詩を紹介するときにふれた「火」と同質のものです。それは浄めのはたらきの象徴です。

「たえまない火のあめをふらす」という一節にも感じられるように、詩を詠むことが、必然的にわが身を賭さねばならない営為になることを、彼が忘れることはなかったように思われます。それは、何ら大げさな言葉ではありませんでした。彼は詩を運ぶ者としての役割を十分に果たし、四十六歳で病のために亡くなっています。まさに詩に殉《じゅん》じたといってよい生涯でした。

世界と世界をつなぐ「色」

先に見た「しなびた船」で、「苺」と「灰色」あるいは「火皿」という言葉から、読み手である私たちは、ある色を感じます。白秋は「言葉の魔術師」と呼ばれたことがありますが、拓次は「色彩の魔術師」です。

詩で色を用いるのは珍しくありません。しかしその色が、永遠性――あるいは彼方性といった方がよいかもしれません――を持ったものとして表現されることは稀です。拓次にとって色は、光の化身であり、彼方の世界と人間界をつなぐものでした。

次に引くのは、「黄金の梯子《はしご》をのぼる蛇」と題する作品の終わりにある一節です。ここには、大いなるものを追い求める、求道性を色というコトバによって認識していこうとするはたらきが、まざまざと記されていて、熱情を帯びた聖性の表現となっています。

ここでの「こゝろ」は、先に見た「嵐」であり、「法服をきた昔の知り人のやうにやってきた」何ものかと同質のものです。詩の神からの無音の呼びかけです。

〔中略〕

やはらかく　くづれて襞《ひだ》にくるまるとき、
ふしぎのこゝろが　よろめいてかよつてくる、

こゑが　しとしとと俑《は》つてくる、
花粉のやうなさみしいこゑが
みづみづとたはむれをよそほつて
もつれてくる、
星の火のやうにけむるさけびが
よれよれに　たかまつてくる。
うすむらさきの蛇よ、
いとしい　ぶどういろの蛇よ、
あきらかにきらめいてゐる
あの黄金のはしごによぢのぼれ、
くもりのなかに　ゆれてゐるはしごにのぼれ。

「星の火」という言葉は、青白い燐光《りんこう》を思わせます。「うすむらさきの蛇」「ぶどういろの蛇」「黄金のはしご」といったように、これだけ短い詩の一節のなかで彼は、さまざまな色を名状しがたい「意味」の顕現として詠います。

古来日本で紫は高貴な色でした。キリスト教では紫の祭服を葬儀のときに用いているように、深い悲しみを象徴しています。「うすむらさき」は、それを完全には身に引き受けられていないさまを示しているのかもしれません。「ぶどう」は、ぶどう酒がキリストの「血」を象徴しているように、聖なるものを示すものです。「黄金」は、神によってもたらされたものを指しています。

彼はしばしば「蛇」を詠います。「黄金のはしご」を登る蛇とは彼自身のことにほかなりません。それはいつも揺れ動いている。「蛇」が、それを登るのは容易なことではありません。その困難は、詩をめぐる彼の生涯のありようをそのまま表現しているのでしょう。

自分にとって詩とは何か

拓次は詩だけでなく、詩論においても優れていました。それは散文詩において、より直接的に表現されています。たとえば、「指の群」という作品で彼は、自らにとっての詩を、散文詩によって「定義」しています。

色もない、形もない、ばうばうともえてゐる透明なる糸のふるへこそ、わたしの詩のすがたである。

（『大手拓次詩集』）

あれほど豊かに色を表現することのできた詩人が、真実の詩は「色もない、形もない」、「透明なる糸のふるへ」のようなものだといっているのは見過ごしてはならないと思います。

拓次の詩の場合、色は言葉に添えられるもの、何かを装飾するものではありません。色そのものが意味であり、色によって「物」や「想い」が深まっていくさまが描かれています。彼は色を描くことによって、特定の色の奥にある色の色、彼方の色を暗示しようとしています。

赤も青も緑も色です。しかし、色そのものではありません。彼は、色を書き記すことで私たち読み手の心に色そのものを感じさせようとしているのではないでしょうか。

ある人にとっては紫が、また、別な人は朱が、またある人は白が色そのものへの扉になるかもしれない。二千四百の作品のなかに彼は、無数といってよいほどの永遠界への道しるべを残してくれているように思えてなりません。

拓次が自らにとって詩とは何かを表現した一節を引いて、この章を終えたいと思います。

詩とは胸のなかにひらく美感の花である。言葉に表はされた物のみが詩ではない。沈黙の人の胸にも尚折《なおおり》ふしは詩は生れるであらう。されば詩人のみが詩を有するのではない。何人も刹那《せつな》に於《おい》て詩人たり得るのである。

（「私の象徴詩論」）

人は誰もが詩人たり得る。それどころかあらゆる人の心に詩はいつも生まれていると いうのです。

詩を読み、詩を書くことによって人は、誰もが内なる詩人を目覚めさせることができる。

それは、拓次の動かない信念だったように思います。

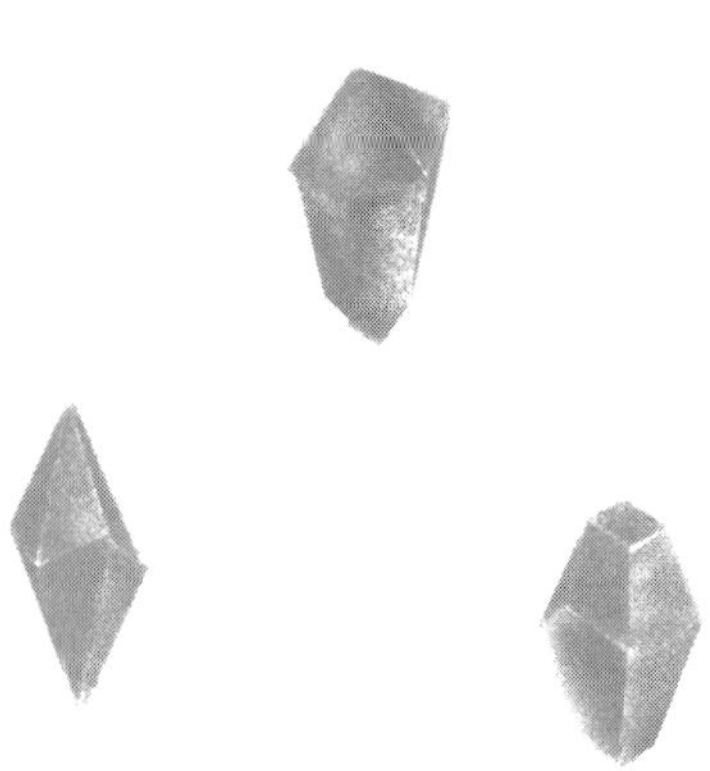

第14章 「詩」という民藝　柳宗悦がふれたコトバの深み

柳宗悦の「詩」

先にも少しふれた「民藝《みんげい》」という言葉を聞いたことがある人は少なくないと思います。「民藝品」というとさらに多くの人が知っていると答えるのではないでしょうか。

一見すると古い言葉のように見えますが、じつは、誕生してからまだ、百年も経過していないのです。千年を優に超える日本語の歴史に照らしてみると、大変「新しい」言葉だということになります。しかし、今、それを多くの人が「古い」言葉として受けとめているのではないでしょうか。時間的には確かに「新しい」。しかし、その広がり方を見ていると、多くの人は、この一語を意味の古層から生まれてきた「古い」言葉であるとも感じているように映ります。

この言葉は、作られた、というより「生まれてきた」といった方がよいようです。一九二六（大正一五・昭和元）年に、宗教哲学者柳宗悦《やなぎむねよし》（一八八九〜一九六一）とその同志である濱田庄司《はまだしようじ》、河井寛次郎《かわいかんじろう》によって創案されました。三人は、世にいう芸術家によって、飾られる、あるいは鑑賞されるために作られた芸術品とは違って、名無き人々が、人々の日常で用いられるために作った工藝品こそ美しいと感じていました。作られた美ではなく、生命の美、いのちの美ともいうべきものを感じたのです。

彼らは、こうした「物」を何と呼ぶべきかを考えていました。そうしたとき、三人の話し合いのなかでうぶ声をあげたのが「民藝」という一語だったのです。一九二五年の十二月のことでした。文字となった最初は、翌年の一月に起草された、今日の日本民藝館の建設を世に訴える「日本民藝美術館設立趣意書」で、ここに「民藝」の文字が出てきます。

「民藝」は「民衆的工藝」の略語です。「民衆」は、先にも書きましたが「名無き人たち」と置き換えることができると思います。「工藝」は、工藝品のことで、私たちが日々の生活で用いるものを意味しています。民藝は一人の人間によって作られるとは限りません。工房で、複数の人々によって作られることが少なくありません。それらを「民藝品」と呼ぶこともあり、衣服、器や家具、あるいは農具など衣食住にかかわるものが含まれます。

本当に美しいものは、飾られるために作られたものではなく、用いられるために作られたものでなくてはならない。それも人間がその名を残すために作ったものではなく、日々の仕事として作ったものこそ美しい、と柳はいいます。ですから使うことのできない「民藝」は存在しません。美術館などに展示されていて、使わなくなったものはありますが、使えないものは「民藝」ではありません。

東京の駒場《こまば》にある日本民藝館に行くと今も、柳たちが集めた民藝を見ることができます。そこにはじつにさまざまな「物」があり、柳が考えた「民藝」の領域がいかに広く深いものだったかに驚かされます。先に挙げた、いわゆる日用品だけでなく、家に置く仏像や「南無阿弥陀仏《なむあみだぶつ》」と書かれた書幅《しょふく》やお寺のおつとめのときに使う本などもあります。柳は、「言葉」もまた、「民藝」の一つであることに気が付いていました。

哲学者、批評家としての彼の業績は、現代人が見過ごしている歴史の奥から「言葉の民藝」を発見することに費やされました。歌人、あるいは詩人は、「言葉」を用いて、姿のない「民藝」を作り出す言葉の民藝の作者だといえます。晩年、柳は、「心偈《こころうた》」という短い詩を書くことによって、自らも「民藝」の工人になろうとしました。

柳宗悦とウィリアム・ブレイク

柳宗悦は、一八八九年、東京に生まれています。昨今、柳が紹介される際、「美術評論家」という肩書が用いられることもありますが、その表現ほど彼の実相から遠いものはありません。彼は大変すぐれた宗教哲学者です。それは民藝運動にたずさわるようになってからも変わりません。むしろ、彼の哲学が、民藝運動という実践を求めたのです。第5章で白樺派にふれました。柳は『白樺』において中心的な同人でした。『白樺』時代の初期、柳は哲学者というよりも批評家でした。この雑誌を通じて柳は、ウィリアム・ブレイクとウォルト・ホイットマン（一八〇二〜四七）という二人の詩人を日本に紹介します。ことにブレイクの紹介において柳が果たした影響はきわめて重要でした。

ウィリアム・ブレイクは、一七五七年にイギリスに生まれ、この国で一八二七年に七十歳になる年に亡くなっています。当時としては長命だったといえます。ブレイクの名前を知らない人もいるかもしれません。同時代人には次のような人がいます。

思想家ではゲーテ（一七四九〜一八三二）やヘーゲル（一七七〇〜一八三一）、音楽家ではモーツァルト（一七五六〜九一）、ベートーヴェン（一七七〇〜一八二七）は同年代の生まれです。ワーズワス（一七七〇〜一八五〇）はイギリスを代表する詩人のひとりですが、やはり同年代の生まれです。八木重吉が愛したジョン・キーツ（一七九五〜一八二一）は早逝《そうせい》した詩人ですが、活動時期から見るとブレイクと重なります。

しかし、こうして並べてみるのも現代だからできることで、彼らがブレイクと深い交わりがあったわけではありません。しかし、ここに挙げた人々は、従来の価値観、世界観に対して創造的挑戦というべき営みを続けたという点で共通しています。ブレイクもそのひとりです。

「仕事」とは何か

彼は詩人であり、画家、そして神秘哲学者でもあります。ですが、この三つの側面が別個に存在していたのではありません。三位一体という言葉がありますが、ブレイクにとって、詩と芸術と哲学は、彼が生涯を通じて探究し続けた一なるものにつながる三つの通路だったといった方がよいと思います。

彼は画家であろうとしたのではなく、絵にしかできないものが訪れたとき、絵を画《か》いたのです。詩にしかならないものが訪れたときは詩を、哲学として深化させなくてはならないときは哲学の言葉をつむいだのです。

哲学といっても、ブレイクは教壇に立って哲学を講じたわけではありません。彼にとっての哲学とは、目に映る言葉の論理と、不可視な意味の論理をもちいて、この世界の真の姿を探究することでした。私たちはその軌跡を彼の著作だけでなく、その書簡にも色濃く感じることができます。

「民藝」という言葉が生まれる以前、一九一四年に柳宗悦は、ブレイクの精神的評伝と呼ぶべき著作『ヰリアム・ブレーク』を刊行しています。「ヰ」は、現代でいう「ウィ」ですので、今後は書名も『ウィリアム・ブレーク』と記します。

この著作のほかにも柳には、ブレイクにまつわる著作、翻訳が多くあります。その一つ、「ウィリアム・ブレーク1757-1827」で柳は、ブレイクにとって「仕事」とは何かをめぐって次のように述べています。

彼は凡《およ》そ二年間、只《ただ》食事の為に座を立つ事があっただけで、一歩も外に出ず仕事に熱中した事もあった。妻カザリンの言葉によれば「彼は読書中か睡眠中の外は一時たりとも手を休めた事はなかった」。或《ある》若い画家が嘗《かつ》てその病苦を彼に訴えた事があった。ブレークは即座に答えて「私はどんな事があっても決して仕事を中止した事がない。私は病気であろうが、なかろうが、仕事をする」と云い切っている。

（『柳宗悦全集 第四巻』）

この一文は、著作である『ウィリアム・ブレーク』が刊行される八ヶ月前に記されたものです。日本にブレイクが本格的に紹介された最初期の文章ですが、そこで柳は、ブレイクにとっての「仕事」は、自己表現ではなく、何ものかに託されたものの表現であることを強調します。

このことは「民藝」を論じるときの柳の視点とも一致しています。現代人は表現という営みを個人に引きつけ過ぎているのかもしれません。第3章でふれたように、万葉の時代の歌人たちにとって歌を詠むという行為は、しばしば、歌を詠むことのできないものの心を映しとることでした。それは古代だけの習慣ではありません。リルケにとっては、そうした委託者が天使と死者でした。『苦海浄土《くがいじようど》』の作者である石牟礼道子《いしむれみちこ》（一九二七〜二〇一八）も優れた詩人ですが、彼女は、苦しみのなかに語ることを奪われた人々の言葉を宿して世に出てきました。

これまでも広義の「詩」は、必ずしも言語によって表現されるとは限らないことに言及しました。柳はブレイクの言葉のなかに、語らざるものたちの「詩」を感じます。それと同じように無名の陶工の器にも見えない文字を「読んだ」のです。

内なる子どもとの対話

詩人であるとは、内なる子どもの声を聞き続けることでもあります。宮澤賢治をはじめ、詩人として世に知られた人が童話を愛し、童話を書くのは偶然ではありません。別な言い方をすれば、詩を書くとは内なる子どもとの対話であるともいえます。

柳は、先に見たような特異な精神は、幼いときからすでにブレイクのうちに開花していたことに注目します。

僅《わず》か四歳の折神の姿を目の前に見た時から、再び神の声を耳にして喜びに充ちて此《この》世を去る迄《まで》、彼の七十年の生涯は殆《ほとん》ど幻像を以《もっ》て充たされている。彼の深い洞察の眼はよく事物の匿《かく》れた内面に未知の世界を見つめていた。彼の心はよく錯雑《さくざつ》した現象の背後に統一された世界を認めていた。彼の鋭い幻像の力はよく死者をも甦《よみがえ》らして彼等と親しく語り合った。

(『ウィリアム・ブレーク』前掲書)

この一節には、「神」「幻像」「未知の世界」「死者」などブレイクを理解する鍵語が、いくつも記されています。彼にとって「神」は、あらゆる宗派の超えた「神」でした。

柳が「神」と書くときも同様の語感によって貫かれています。

「幻像」はブレイクを読むときのもっとも重要な鍵語です。原文では“vision”ですが、それは目で「幻」を見ることではなく、もう一つの内なる「眼」で実在を視ることにほかなりません。柳がここで「幻像」という言葉をあえて用いているのは、世の人々が「幻」だといって顧みないものの奥に実在が潜んでいる、ということを読み手に感じてほしいからです。目には「幻」として感じられるが、「眼」には実在として映じることが、読者である私たちの生活上でもあることを柳は想い出させようとしているのです。

なぜ詩を書くのか

理性の目には「幻」として感じられるが、詩情の世界では不可視な実在として感じられるもの、その一つに死者たち、すなわち、亡き者たちがいるのではないでしょうか。ブレイクにとって、死者は「無き者」ではありません。「亡き者」となり、五感を超えたところではありありと「存在する者」でした。

あるとき、ブレイクはロビンソンという友人に向かって、自らにとっての「書く」とはどのような意味を持つのかをめぐってこう語りました。

「私は精霊の命がある時に書く。そうして書いている瞬間にはその言葉が室《へや》の中を各方面に飛び廻っている。そうしてそれを印刷に附すと精霊が読んでくれる。それ故《ゆえ》私には原稿はもう要らなくなる。私は屡々《しばしば》それを棄《す》てようとしたが私の妻はそうさせなかった」。

（「ロビンソンの日記」『ウィリアム・ブレーク』前掲書）

ここでの「精霊」は死者だけでなく、「神」の使者であり、「神」と人間の間を仲介する天使的な存在も含みます。彼は、死者や天使に託されたことを彼、彼女らに向かって書いた、というのです。

一見すると奇妙な感じがするかもしれません。しかし、亡き者たちに向かって言葉を贈るという行為こそ、詩の原型なのです。

先に『万葉集』に収められた歌もまた、亡き者たちへとささげる挽歌にはじまったことにふれました。ブレイクは特異な詩人というよりも「古い詩人」、さらには永遠なるものと深く結びついた詩人だといった方が精確だと思います。さらにいえば、詩を書くとは、過ぎていき、いつしか消えていく「時間」の世界を超え、永遠の「時」の世界にふれようとする試みでもあります。

ブレイクは、どこまでも詩の使命に忠実であろうとしたのです。そして、死者を受け取り手にすることが、自身の仕事を純化するうえで、きわめて重要であることを知っていたのです。
なぜ詩を書くのか、何のために詩を書くのかをめぐって、ブレイクはとても印象的な作品を残しています。

さびしい谷間を笛吹いてくだれば
たのしいよろこびの歌を笛に託《たく》してくだれば
雲の上に　ひとりの幼《おさ》な児《ご》が見え
笑いながら　私に言う

「子羊のこと歌ったのを　笛に吹いて！」
そこでわたしは　楽しいしらべの笛を吹いた

「笛吹きおじさん　そのうた　もう一ぺん」
そこでわたしは笛吹いた　子供は聞いて泣いた

「その笛を　その楽しい笛を下に置き
楽しいしらべの歌を　おじさんが歌って」
そこでわたしは　同じ歌をくりかえし歌った
それを幼な児は　聞いてよろこび泣いた

「笛吹きおじさん　坐って書いてよ
一冊の本に　みんなが読めるよう」
そう言うなり　幼な児は見えなくなった
わたしは　中うつろの芦《あし》を一本折りとり

そして　ひなびたペンをつくり
そして　きよらな水にひたし
そして　わたしの楽しい歌を書いた
すべての幼な児が　聞いて喜ぶように

（『ブレイク詩集』寿岳文章訳）

この詩は、彼の代表作の一つ『無心の歌』“Songs of Innocence”のはじめに置かれた「序詩」です。ブレイクにとって詩を書くとは、真の純粋さを見極めることにほかなりません。彼にとって詩を書くこととは、純な心（innocence）で世界を映しとろうとすることだったのです。

ここでの「幼な児」は、イエスを象徴しています。しかし、それはキリスト教におけるイエスよりも、ブレイクにとってのイエスです。幼な児でありながら同時に「神」です。ブレイクにとって「神」は、絶対的な純粋者にほかなりません。

容易に言葉にならない「よろこび」を「みんなが読めるよう」に詩にしてほしい。ある日、幼な児の姿をした「神」からそう頼まれた。だから、詩を書いている、というのです。

この一篇は、ブレイクにとって詩の始まりを語るものでありながら、同時に詩の究極的な意味を歌っているものでもあります。「神」から問われた問題を「神」に向かって応答する。それが詩の基点であり、目的地でもあるのです。

ブレイクには、さまざまな詩があります。人間の愚かさを歌った詩も、人を救うはずの宗教が、かえって人間を疎外することになったことを嘆く作品もあります。しかし、それらの作品を包み込みながらも、やはり原点である先の詩に帰っていくのだろうと思います。

評伝『ウィリアム・ブレーク』で柳は、ブレイクの仕事の本質が「見えるもの」と「見えないもの」、あるいは「見える世界」と「見えない世界」を架橋することだったことにふれ、次のような印象的な言葉を書いています。文中にある「永遠相」は、「永遠なるもの」「朽ちることのないもの」と置き換えてよいと思います。

彼にとっては死滅に終《おわ》る運命を持つものは決して此世《この》に造られていなかった。彼は一々の事象を省みてそこに永遠相が潜む事を見ぬいていた。彼の前には凡《すべ》てのものは甦って見えた。彼は死者にも永劫の生命を見出して彼等を友として日々を過ごした。彼にとって最も切実な世とはこの仮象の世界ではなかった。事象の奥底に動き躍《おど》る実在の世界そのものだった。彼にとっては見えるものは見えないものの衣だった。

（『柳宗悦全集　第四巻』）

私たちの本質は、私たちが身につけている「衣」ではありません。それは私たちの一部を表現していますが、そのものではありません。「衣」は、その奥に手にふれることも、目で見ることもできない「いのち」があることを教えてくれています。

この一節は、詩を書くときの大切な掟でもあります。私たちが詩を書くのは、言葉によってすべてを表現するためではなく、言葉の奥にあって、言葉では表現できない大切な何かを他者と分かち合うためでもあります。

言葉に意味がないのではありません。言葉は、いつも「見えない」意味と共にあるとき、真の意味における「コトバ」になるのです。

詩と哲学は強く結びついている

先に柳の本質が「哲学者」であることにふれました。しかし、ここでの哲学者は、いつも詩と共にある哲学者であります。

哲学の歴史を見てみると、哲学と詩が強く結びついているのが分かります。柳から決定的な影響を受けた哲学者の井筒俊彦は、和歌のなかに哲学があり、歌人は姿を変えた哲学者であると考えていました。また、井筒が若き日に古代ギリシア哲学の歴史を論じた『神秘哲学』を読んでも、ギリシア哲学は、当時の詩人たちのなかに胚胎《はいたい》していたことが分かります。

時代が古ければ古いほど、詩と哲学の結びつきは深く、強かったといえます。のちの時代でも哲学者が詩人の作品に刺激されながら思索を深化させるのも珍しいことではありません。詩と哲学は、現代人が感じているよりもずっと近いものです。

日本でも本居宣長《もとおりのりなが》や頼山陽《らいさんよう》といった思想家はいくつも詩歌を残しています。近代ヨーロッパでも、ヘーゲルやニーチェ、あるいはシモーヌ・ヴェーユのように実際に詩を残している哲学者も少なくありません。ソクラテスも最晩年になって、詩と音楽こそ自分のなすべきことだったのかもしれないと語った、とプラトンの『パイドン』に記されています。

柳も例外ではありません。彼は若いときから詩を書いています。詩歌の姿をとっていなくても、柳の文章は哲学論考であれ、民藝を論じたものであれ、じつに豊かな詩情にあふれています。

たとえば、一九二一年、彼が愛する妹を喪ったときに書いた「妹の死」と題する一文には次のような一節があります。

おお、悲《かなし》みよ、吾《わ》れ等にふりかかりし淋しさよ、今にして私はその意味を解き得たのである。おお悲みよ、汝がなかったなら、こうも私は妹を想わないであろう。愛を想い、生命を想わないであろう。悲みに於《おい》て妹に逢い得るならば、せめても私は悲みを傍《かたわ》ら近くに呼ぼう。悲みこそは愛の絆である。おお、死の悲哀よ、汝よりより強く生命の愛を吾れに燃やすものが何処《どこ》にあろう。悲みのみが悲みを慰めてくれる。淋しさのみが淋しさを癒してくれる。涙よ、尊き涙よ、吾れ御身に感謝す。吾れをして再び妹に逢わしむるものは御身の力である。

散文の姿をしていますが、その奥にあるのは挽歌の精神です。ただ、柳は、死者に直接言葉を送るのではなく、「おお」と呻き声を上げながら、死者と自分をつなぐ「悲み」――柳は「悲しみ」ではなく「悲み」と書きます――に向かって語りかけるのです。柳にとって「悲み」は、自己の感情の高まり以上のものでした。それは人間を超えた大いなるものの使者として彼の前に現われています。

さらに彼は「涙」に向かっても「御身」と呼びかけます。彼にとって「涙」は、自己の体液の名称ではありません。内なる宇宙からの使いにほかなりません。「悲み」によって、「涙」によって、自分は亡き妹の存在を近くに、あたかも抱きしめられるかのようにすら感じられるというのです。

先の一節を宿した「妹の死」は、形式的には追悼文です。しかし、その本質は詩です。詩は、詩情があるところに存在するのであって、詩という形式のあるところに宿るのではありません。誤解を恐れずにいえば、形式をあまりに重んじるために詩情を十分に表現できないことも珍しくないのです。

俳句よりも短い詩

晩年、柳は、「心偈《こころうた》」という独自の詩の形式で言葉をつむぐようになります。和歌は三十一文字、俳句は十七文字ですが、柳は「もっと煮つめた短いものが望ましく思えた」と『心偈』を刊行したときの跋文に書いています。子規が俳句で到達した場所から更なる深みを柳は、言葉によって切り拓こうとしたのです。

そこで彼は、詩の言葉に長さの制約はない。しかし、「長いものよりも、短くて含みがある方が、何か東洋的な心を伝えるのによい。実際そういう心の傾向が、日本で短歌を実らせ、更に俳句へと熟させたのだと思える」とも述べています。

柳は、工藝品を入れる箱に言葉を書く、箱書《はこがき》を頼まれることがありました。そこに彼は自分の名前だけでなく、短い言葉を添えることがありました。それが「心偈」の始まりだったのです。書き手が本に署名するだけでなく、一言書き添えることがあります。それに似たかたちで「心偈」が生まれたのでした。

ドコトテ　御手《みて》ノ

真中《まなか》ナル

この世はどこであっても、み仏の――あるいは「神」の――手の真ん中だ。なにも懼《おそ》れ、憂える必要はない、というのです。

このような姿の偈《うた》を彼はおよそ七十篇残しています。

開カレツルニ
叩《たた》クトハ

神仏は人に向かって、すでに広く扉を開いている。それを知らず、人は門を開けろと叩き続ける、というのです。ここで「叩く」という表現がたいへん印象的に用いられているように心偈においては、動詞が重要な役割を担う言葉として用いられています。

今　見ヨ
イツ　見ルモ

行キナン

行クヘ知ラデモ

打テヤ

モロ手ヲ

最初の「偈《うた》」は、今見るものは、今しか見ることができない。今を生きよと促しています。

次の偈は、人生に定まった道など存在しない。眼に見えない導きを感じながら道なき道を行け、と説いています。

最後のものは、どんなに小さなことでも、たしかに感じられるよろこびは、もろ手を打ってそれを露《あら》わにせよ、というのです。ここでの「手」が、具象的な手指とは限りません。心の中での祈りのときに合掌する見えない「手」でもあるのだと思います。

この三篇で用いられている「見る」「行く」「打つ」は、どれも平易な言葉ですが、ここではきわめて高い象徴性を帯びています。象徴性とはその言葉の奥に意味の深み、存在の深みが広がっているさまを指す言葉です。

詩を書くとき、動詞を動的に用いることはきわめて重要なことです。しかし、最近の文章では動きを示す言葉であるはずの動詞を読んでも動き出すものを何も感じない、という場合があります。

この世界は、一度も止まったことがありません。止まっているように目に映るだけで、机の上にあるコップも微細に変化しています。詩は、言葉によって、決して止まることのない世界のありようをすくいとることでもあります。

先の「偈」でも、「見る」は目撃することではなく、目に見えないものを眼で「見る」こと、「行く」は道を進むことではなく、人が固有の生を生きること、「打つ」は大いなるものを讃美することを指す動詞になっています。

私たちが意識しないところでも、人間の心を含めてさまざまなものが動いている。そして、万物が、存在の秘義というべきものを解き明かそうとしている。こうした万物の営みを柳は心偈によって歌おうとしたのです。

心偈を世に送り出しながら柳は、できることなら自分の名前と離れた場所で愛誦《あいしょう》されるようになるとよい、そう願っていました。「偈であるからには、誰にも共有の言葉でありたい。私の声などでない方がよい」と跋文には記されています。心偈は、詩であると共に名無き者の祈りたれ、とのおもいのもとに生まれてきた言葉です。柳は「よみ人しらず」（第3章）の世界へ戻っていこうとしたのです。

第15章　全力でつむぐ詩

永瀬清子が伝える言葉への態度

「短章」という形式

ある重要な気づきをもたらす言葉にふれることによって、私たちの世界観が一変することがあります。一つの言葉との邂逅によって世界が、まったく異なるもののように感じられるのです。

こうした気づきをもたらす言葉は、一見すると外からやってくるように見えますが、それはすでに自らのうちにあって、見出されることを待っていたのではないでしょうか。出来事は、あたかも小さな灯りとなって、暗がりになっていた私たちの内面をそっと照らし出すのではないでしょうか。

詩、それは星のようにもう古いものだ。
中空にみちるほどあってまだ空中衝突しないものだ。

（『短章集』）

詩は、人間の心に古くからある。それは深層心理学者のユングの考えを借りれば、個人の心を超えて、人類の記憶として受け継がれている。詩を書く、あるいは詩を読むとは、そうした内なる古い人に出会う道程なのかもしれません。

『短章集《たんしょうしゅう》』というのは、詩の原型となるような言葉によって編まれた永瀬清子（一九〇六〜九五）の著作です。詩を書いてみたいと思う方は、ぜひ、一度この本を手にされることをおすすめします。私にはもっとも優れた、そして熱を帯びた詩の入門書であり、その奥義が記されている一冊のように感じられます。

また、先の一節のような短い、しかし、何かがほとばしるような言葉、詩の姿をとることはないが、存在の深みに導くような言葉を永瀬は「短章」という形式によって表現できることを「発見」した、といってよいように思います。それは子規による近代俳句の「発見」に比すべき重要なことのように私には映ります。

まだ、詩を書くことはできない、と感じている人も「短章」であれば書ける。また、「短章」を書き継ぐことこそ、自分にとっての詩とは何かという問いを見極めていく、もっとも確実な道のようにも感じます。

全霊を託する言葉

誰にとっても初めて詩を書く、という時機があります。あるいは詩を書き始めても、迷いの中で詩をつむぐこともあります。そうしたとき、次に引く永瀬清子の言葉に出会いました。

詩を書く時は出し惜しみせず中心から、最も肝心な点から書くべきだ。最初の行がすべての尺度になる。

まわりから説明して判らそうとすると詩はつまらなくなる。すべてはその親切程度に平板に散文化し、中心さえも「説明」の一部になる。

つまり詩の行には大切な独立力があるので、本心をつかまぬ行に最初の一行を任すべきではない。又次の行をも任すべきではない、又次の次の行も任すべきではない。

云いかえれば肝心な中心を捕えれば第一行が次行を、そして又次行が第三行を指し示し、又生んでくれる、とも云える。そしてそこにリズムが生れる。

つまらぬ所から説きはじめればついに中心に行き合わぬ。そして読者の心にもついに行きあわぬ。

（『短章集　続』）

この言葉は、私にとって詩を書く態度に大きな変化をもたらしました。詩に向き合う態度を問い質《ただ》されたように感じたのです。

最初の一行を全力でつむぐ。これを実践するのは簡単なことではありません。実行できるのは、何篇も詩を世に送り出した詩人だけだ。これから詩を書こうとする人間にはできない。そう感じるかもしれません。

しかし、よく考えてみましょう。どんなによく知られた詩人にも試作はあります。完成できなかった詩、書き続けることのできなかった詩、思うようにならなかった詩があります。世に詩人と呼ばれる彼、彼女らも文字通りの意味で、何ものかとの闘いのなかで言葉をつむいできたのです。別な言い方をすれば、詩人こそ、詩を書くことにおいてもっとも多くの挫折を経験しなくてはならないともいえます。

先の言葉を永瀬は、他の人にではなく、自分自身にむかって書いているのです。全身全霊を託することができないような言葉を、おまえは世に送り出すつもりなのか、と自ら問い質しているのです。「詩を書く時は出し惜しみせず中心から、最も肝心な点から書くべきだ。最初の行がすべての尺度になる」という一節は、彼女自身の胸を打ち破って出てきているのです。

詩は「生む」もの

詩をつむごうとするとき、最初に書いた言葉が、完成された詩の最初の一行になるとは限りません。そのことは永瀬も経験的に知っていたはずです。しかし、そうした結果とは別に、「書こう」という意識が心の全体を覆いつくす前に、無意識の深みから湧水《わきみず》のように生まれてくるコトバをけっして見過ごしてはならない、というのは、本当だと思います。詩を書こうとするとき、すでに意識の上で言葉になったものをなぞるのではなく、未だ言葉にならないコトバを、わが身を賭して写し取れ、というのです。

原型としての詩は言葉の姿をして私たちの前に現われない。それはさまざまなコトバの姿をしています。ある人にはうごめく色彩として、別な人にとってはうずまく芳香《ほうこう》として感じられる。永瀬の場合はある律動、「リズム」として現われたのでした。

最初はかすかな予感である。
次第に揺すれリズムが生れる。
それは詩人の中にあるのだが、肝心なことは、読者の中にも生じると云うことである。

(『続 短章集』)

詩を書くとは読み手に言葉を届けることに終わらない。リズムもまた、届けることになる。あるとき、読み手は書き手よりも敏感にリズムを感じることすらある。先の一節のあとに彼女はこう続けています。「しかし出来合いの、あり合せのリズムは、読者をより早く嫌悪させる」。

詩を書こうとするとき、私たちは「詩のような」作りものを生んでしまう。それは、よいことをしようと思い立って何かをしても、しばしばぎこちない、どこか独りよがりな行動になるのに似ているのかもしれません。

詩は「作る」ものではなく、すでに胸の深みに宿っている何かを「生む」ことだと永瀬清子はいうのです。

先に見た「本心をつかまぬ」言葉とは、自分を偽って書いた言葉、自分を装って記した言葉にほかなりません。自分に嘘をついて現われ出た言葉が、真実を求めている読み手に、どうして届くことがあるだろう、と永瀬はいうのです。

「私のやり方」

コトバとして現われた、命名しがたい意味のうごめきを言葉によって受けとめようとすること、それが永瀬が経験していた「詩作」の現場でした。コトバは言葉の器を超える勢いで私たちに迫ってきます。詩作はどんな大詩人にとっても、つねに失敗になることを宿命づけられた営みだともいえそうです。

しかし、ここに読み手が存在する意味もあるのです。書かれた言葉を完成に近づけていくのは読み手の仕事です。深い意味を携えて生まれてきた詩は多くの読み手の参与を求めるようです。『万葉集』や『古今和歌集』をはじめとした和歌がいくつもの世紀を超えてなお読み継がれている理由は、こうしたところにもあるのです。誤解を恐れずにいえば、詩人が読み手を求めるだけでなく、詩そのものが読み手を求めるのです。

詩の言葉は次の言葉を呼ぶ。それが詩の原理だ。まずそれを体得しなくてはならない、と彼女は考えています。

別ないい方をすれば、詩の最初の一行になる言葉と出会うまで、何度でも、心を新たにして詩をつむがねばならない。そう彼女はいいたかったのではないでしょうか。詩の最初の一行を書くのは、けっして簡単なことではありません。彼女は別なところで次のように述べています。

詩の第一行を書きとめるのは朱鷺《とき》に餌づけをするようにむつかしい。

（「朱鷺」『短章集』）

朱鷺は、大変に警戒心の強い鳥です。人間が自由に飼育しようとしてもなかなかうまく行きません。詩は朱鷺の餌づけに似て、書き手が「自分」というものをあまり強く前に出すと生まれにくくなる、というのです。先の言葉に彼女はこう続けています。「自分はいないもののように茂みのかげにしずかにかくれていなければならない」。

自分のおもいを変容させること、自分のおもいを自分だけのおもいに留まらせないこと、おもいを自分の色に染めつくさないこと、それが詩を書くものに求められる態度だというのです。

おのれを語るな、と永瀬はいうのではありません。誰にとっても自己は、いつも自分と異なる姿をしていることを忘れてはならないというのでしょう。

「私が私のやり方で万物を捕えるのと同じように、すべての物はすべてのやり方で私を捕える。私が生まれて以来、年百年中そうであったのだ」（『短章集』）と永瀬は書いています。あえて自分を表現しなくても、あらゆることは自分の「やり方」でしか試みることができない。「うまく」書こうとすることが詩の生命を損なうのはそのためです。

「私」を超えて「わたし」を描く

詩を書くとき、もっともむずかしい言葉は何かと尋ねられたら、迷わず「私」だと答えます。ある意味では、もっとも近い言葉だといってよいこの一語をどのように書き記すのかによって、その詩は決定される。さらにいえば、「私」という文字を書かずに「私」以外には世に生み出せないものを書くのが「詩」だといってもよいくらいです。

永瀬清子は「私」を探究し続けた詩人です。「私」という言葉によって、自分自身だけでなく、他者を、そして未知なる読者の内なる「私」の姿までも詩に謳い上げることができた稀有なる人物です。彼女における「私」の意味の深みをありありと感じることができる作品「だましてください言葉やさしく」を引用したいと思います。

もしかしたら、この一篇は、「あけがたにくる人よ」と並んで、彼女の詩のなかでもっともよく知られた作品かもしれません。彼女自身も、ある講演で、朗読会などでは、次の詩を読むことをもっともよく求められる、と述べています。この詩を知っている、あるいは「だましてください言葉やさしく」という一節を耳にしたことがある、という人もいるかもしれません。

だましてください言葉やさしく
よろこばせてくださいあたたかい声で。
世慣れぬわたしの心いれをも
受けてください、ほめてください。
ああ　あなたには誰よりも私が要《い》ると
感謝のほほえみでだましてください。

その時私は
思いあがって傲慢《ごうまん》になるでしょうか
いえいえ私は

やわらかい蔓草《つるくさ》のようにそれを捕へて
それを力に立ち上りましょう。
もっともっとやさしくなりましょう。
もっともっと美しく
心ききたる女子《おなご》になりましょう。

ああ私はあまりにも荒地にそだちました。
飢えた心にせめて一つほしいものは
私があなたによろこばれると
そう考えるよろこびです。
あけがたの露やそよかぜほどにも
あなたにそれが判《わか》ってくだされば
私の瞳はいきいきと若くなりましょう。

うれしさに涙をいっぱいためながら
だまされだまされてゆたかになりましょう。
目かくしの鬼を導くように
ああ私をやさしい拍手で導いてください。

人は皆、自分の意志だけでは生き続けていくことはできない。誰かに必要だと言ってもらわなくてはならない。たとえ、それが本心でなくても、その言葉があれば、今日を生き抜くことができる、というのです。

この詩は、一見すると、恋愛詩のようにも読めますが、私には、生の絶壁にある者のうめきのように感じられます。言葉に飢えた者の祈りの詩のように感じられます。

人生の危機にあるとき、人は次の瞬間を待つことができなくなる。待つことができれば、生き続けることができる。「だまされて」いるとしても胸にわずかな火をもたらす言葉に飢えた者にとってそれは、今、ここになくてはならない何かだというのです。

嘘でもよいから優しくされたい、嘘でもよいから愛されているような日々を送りたい。

一見すると「私」はそう望んでいるようにも映ります。儚いものと分かっていても求めずにはいられない、苦しみの歌のようにも感じられるかもしれません。

ですが、この「あなた」という言葉の奥に、人間を超えたものの姿を見るとき、印象は違ったものになってきます。さらに、ここでの「言葉」が、人間の言葉ではなく、人間を通じて世にもたらされる、人間を超えたもののコトバであると考えるとき、光景はまったく異なる姿をして浮かび上がってきます。

「私」が「美しく」ありたいのは、「心きさたる」者であろうとするのは、人間の前だけでなく、私たちが「神」あるいは「仏」と呼ぶ存在の前でなのかもしれないのです。

詩を書いていると、私ではない「わたし」が語り始めることがあります。「だましてください言葉やさしく」だけでなく、永瀬の詩にはいつも個人的な「私」に留まることのない「私」を包みつつ、「私」を超えていく「わたし」が描き出されています。

暮らしをおろそかにしてはならない

詩は、作るものであるより生むものであると先に述べましたが、それは生むものであるより「生まれてくる」ものだというのがよいかもしれません。詩の誕生にふれ、彼女は、次のような言葉を残してくれています。

　自分は生活の中にまぎれて、詩のことなど考えてもいないかのように――。
　自分はいつも夫や子供や家のことだけを思って、詩のことなどはすこしも考えていないかのように――。

（『短章集』）

　詩の神がいるとしたなら、生活を忘れ、詩を書く者よりも、懸命に生活する者に助力する。それが永瀬の確信でした。詩を書かなくては生きていけないという宿命を感じながら、その一方で、詩の神、あるいはコトバの神のようなものを失望させないためにも暮らしをおろそかにしてはならない。それが詩人永瀬清子のもう一つの詩の掟と呼ぶべきものでした。
　永瀬清子は一九〇六年に岡山県赤磐《あかいわ》郡豊田《とよだ》村（現赤磐市）で生まれています。亡くなったのは一九九五年です。先に見た中原中也が一九〇七年の生まれです。永瀬と中也には同時代人というだけでなく幾つかの接点もあります。中也は、山口県の湯田温泉の近くで生まれていますが、幼年時代を金沢で過ごします。永瀬もそうでした。二人は同じ幼稚園に通っています。しかし、時期が少し異なっていました。永瀬は一九〇九年の入園、中也は一二年に入っています。

もう一つ、二人はとても早い時期に宮澤賢治の詩を評価し、影響を受けています。ここでは多くふれることはできませんが、永瀬における賢治の影響は決定的といってよいほど重要です。それは単に形式としての詩に限りません。永瀬は賢治の童話からも豊かな詩情を受け取っています。

一九三一年、二十代の半ばから永瀬は東京で暮らします。しかし、先の大戦の終わり近くになって岡山に帰り、伴侶の家に伝わる農地を受け継ぎ、農婦としての生活を始めます。彼女の多くの詩は、農業にたずさわりつつ、生まれたものでした。

働くことから離れないところから生まれた言葉、それが永瀬の詩の生命です。働くということと金銭を手にすることとは別です。人間にとって、もっとも根源的な労働は生きることです。他者、世界、そして自己と深く交わることです。永瀬の詩は、そのことの意味を告げ知らせてくれます。

眠れる詩人を呼び覚ます

もう一つ、彼女の歩みとして注目したいのは詩を伝える者、詩の伝道者としてのはたらきです。一九五二年から永瀬は、岡山県にあるハンセン病療養施設で詩の指導を始めます。「指導」といっても、上から教えるというのではなく、出会った人のなかにいる眠れる詩人を呼び覚ますことが彼女の役割でした。

この本で取り上げた志樹逸馬も永瀬と交わったひとりです。また、永瀬は、「はじめに」でふれた詩人塔和子の力量をいち早く、そして精確に見極め得た人物でもありました。塔和子と永瀬は同人誌「黄薔薇《きばら》」の仲間でもありました。

永瀬が目をそらさなかったのは、病ではなく、病をはじめとした過酷な試練を生きる彼、彼女らの姿です。苦しみと嘆きのなかで生きる者の心に、いつか生み出さねばならない言葉の宝珠《ほうじゅ》が宿ることを永瀬は疑いません。宝珠というのもたとえではないのです。それは貝のなかで真珠が育つのに似ているのかもしれません。

雑誌「黄薔薇」は、永瀬の亡きあとも刊行が続けられています。名義上の責任者は別な人物だったときも、彼女がこの雑誌の精神的支柱だったことは、永瀬を追悼《ついとう》する文章からも感じられます。しかし、それらを読むと、同時に「書く者」として彼女はいつも人々と同じ地平にあろうとしたこと、そして事実そうであったことが分かります。先に「指導」という言葉を用いるのにためらいを感じたのはそのためです。

コトバとの関係を取り戻す

最後に「降りつむ」と題する永瀬の詩を引きたいと思います。

かなしみの国に雪が降りつむ
かなしみを糧として生きよと雪が降りつむ
失いつくしたものの上に雪が降りつむ
その山河の上に
そのうすきシャツの上に
そのみなし子のみだれたる頭髪の上に
四方《よも》の潮騒《しおさ》いよよ高く雪が降りつむ。

夜も昼もなく
長いかなしみの音楽のごとく
哭《な》きさけびの心を鎮めよと雪が降りつむ
ひよどりや狐の巣にこもるごとく
かなしみにこもれと
地に強い草の葉の冬を越すごとく
冬を越せよと
その下からやがてよき春の立ちあがれと雪が降りつむ
無限にふかい空からしずかにしずかに
非情のやさしさをもって雪が降りつむ
かなしみの国に雪が降りつむ。

「はじめに」で言葉は心の糧だと述べました。ここで永瀬は、人は「かなしみ」を糧にして生きる者だというのです。この言葉をさらに詩に引き寄せて語るなら、詩は人が耐えがたい「かなしみ」を、今を、また明日を生きるための「糧」に変じるものだともいえるように思います。

この詩と本当に出会ったのはつい最近のことです。詩選集でもある『永瀬清子詩集』にも収められていますので、読んだことがあったのかもしれませんが、琴線にふれるということはありませんでした。きっかけは、ある人がこの詩を朗読するのを聞いたことでした。

二〇一九年に刊行された『降りつむ』と題する本があります。先に見た永瀬の詩と同じ題名です。この本は「著作」というよりも幾つかの詩と紹介文に朗読のＤＶＤが付されているものです。読んでいるのは、美智子上皇后です。

上皇后は、永瀬清子の詩に強く打たれたようで、「降りつむ」を朗読するだけでなく、複数の詩を英訳し、さらにそれを英語で朗読しています。上皇后が優れた歌人であることは別な場所でもふれたことがあります。

この本の朗読を聞き、私は自分が永瀬の詩を文字の世界でだけ感じていたことを恥ずかしく思いました。講演などで自分以外の人の詩を読むことはあります。しかし、私は永瀬清子の詩ではそうしたことはありませんでした。

先に見た『短章集』の言葉は、出会った衝撃があまりに大きく、さまざまなところで声にする機会があり、そのたびに認識を深めてきましたが、永瀬の詩は「あけがたにくる人よ」を読んだことがあるくらいで、ずっと文字の上でそれと向き合ってきました。

詩は目で「読む」だけでなく、それらを「詠み」、そして声に出して「誦む」ことによってその深みをかいまみることができる。永瀬自身も、友人でもあった詩人港野喜《みなとのき》代子《よこ》（一九一三～七六）が、自らの詩を朗読する姿と、それが現代では必ずしも正当に受け容れられない現状を憂《うれ》いて、「特に詩というものが印刷された文字の上だけの仕事であると考えがちな日本の現代詩人」（「港野喜代子のことども」『かく逢った』）、という言葉を書き記しています。

現代を生きる私たちは、これまでになく広く、また、さまざまな国や地域の言葉を理解できるようになりました。しかし、それを文字の世界に、あるいは言語の世界に封じ込めているのかもしれないのです。私たちはそれを声に出して読む、という行為を通じてコトバの世界との関係を取り戻さなくてはならないのかもしれないのです。

おわりに　「異邦人」たちの詩歌

　詩の世界での旅を始めると、世にいう詩人とは別な人々にも出会います。そこは詩の国ではなく、詩情の国、あるいは詩魂を持つ者たちが集う場所なのかもしれません。先にもふれたように、そこには柳宗悦のような哲学者と呼ばれている人たちも混ざっています。哲学、文学、科学などの分野の枠をゆるやかにしてみると、かつて、哲学の国、科学の国の住人だと思っていた人物が、詩の国にもしばしば行き来していたことが分かってきます。

　第1章で物理学者の湯川秀樹は、優れた和歌の詠み手でもあったことにふれました。広島の平和記念公園には、彫刻家圓鍔勝三《えんつばかつぞう》の「若葉」という銅像と共に彼の和歌を刻んだ記念碑があります。

まがつびよ　ふたたびここに　くるなかれ　平和をいのる　人のみぞここは

「まがつび」は、禍《わざわ》いをもたらすとされる神のこと、その神に、二度とこの場所には来てくれるな、ここに来るのは祈る人だけで良いのだ、と訴えている歌です。

湯川は、先の大戦で科学者たちが兵器の開発に携わったことにひどく心を痛めていました。平和を実現するはずの科学者たちが、いつの間にか、原爆という人々のいのちを一瞬にして奪うものの製造に加担していたのです。湯川にとっての和歌は、自己の心情を表現するものである以前に、人類への祈りのようなものだったことが、先の一首からも伝わってきます。

異分野の詩人たち――詩の国の住人たちから見れば「異邦人」に映る詩人たち――は、文学者と呼ばれている人たちとは異なる風合いの言葉を用います。それは、彼、彼女らが、別なところから言葉を発し、また、言葉と出会っているからかもしれません。

文字で書かれた書物よりも、「世界という大きな書物」（デカルト『方法序説』）を「読む」こと、それが詩の異邦人たちの日常です。私にとって池田晶子《いけだあきこ》（一九六〇～二〇〇七）はそうした人物のひとりでした。

彼女は、哲学を生きるとは、さながら宇宙旅行のようなものだと書いています。

じっさい、外界の星空を眺めている私の内界にその星空は存在するなんて、とんでもないことですが、事実です。これは、無限を考えることにおいて無限は（私の内に）存在するというあれと同じですが、こういう奇てれつな存在の構造、知っていると、季節の味わいも一段と深いものになります。虫の音ひとつ聴いたって、もう宇宙旅行というわけです。

（『暮らしの哲学』）

月を和歌に詠む人、星を詩に詠う人は珍しくありません。池田晶子は、それを外界ではなく、内界で行い得た人です。そうした内なる世界での経験を彼女は、先のような平易な言葉で書きました。それは、複雑なことを分かりやすくするためではありません。真実は素朴な言葉でなくてはすくい取れないことにどこかで気が付いたのだと思います。

先の文章は彼女の最晩年のものです。先のような文章を彼女は、若い頃から書いていたのではありません。言葉の深みをのぞく経験を深めるうちに次第にその文体を身に付けていったのです。

若き日、彼女が詩人とは何かを語った文章を引いてみます。その変化は一目瞭然だと思います。彼女にとって詩人とは、単に言葉をつむぐ人ではありませんでした。それはコトバと宇宙が交わる「場」だというのです。

〔詩人の〕感受性は宇宙大に膨張し、そしてそこに在るもろもろのものへと拡散し、それらを抱えて再びことばへと凝縮して来る。彼は、ことばと宇宙とが、そこで閃《ひらめ》き、交感する場所なのだ。あることばがそこに孕《はら》む気配、またあることばが既に帯びた色調、それらをかけ合わせ混合し、無限のヴァリエーション、未だ「ない」宇宙が、そこに展《ひら》かれる場所なのだ。

（『事象そのものへ！』）

詩人を「場所」だと考えるのは一見、突飛に映るかもしれませんが、よく考えれば私たちの日常そのものです。美しい風景を見るとき、光が、風が、熱が、私たちの心身を貫いています。同様に喜びや悲しみ、ときに怒りや慰めもまた、私たちを包み、ときに強く動かしています。人間は、そうした不可視なものが、見えるものと共に交わる「場」なのです。

そして、最後の一節は、まさに池田晶子自身が詩人であることを証《あか》ししています。詩とは、言葉とコトバによって未知なる地平を切り拓くことにほかなりません。それを池田は、「宇宙」が「展かれる」というのです。

さくらを見て美しいと感じる人は多くいます。しかし、今日、その人が感じたように美しいと感じた人はいないのです。詩とは、その絶対に代わりのない、本当の意味で固有の経験の意味をとらえなおそうとすることにほかなりません。ですが、多くの人は、それを試みようとはしないのです。今日、さくらが見られたのだから、明日も見られるだろうし、明日も美しいと感じると思っているのです。

しかし、それが事実ではないことも、私たちは知っています。今日という日は、二度と繰り返されないことを誰もが知っています。

哲学は、今の意味を極めようとする試みです。詩は、今の意味を感じ尽くそうとする挑みです。

詩と哲学はもともと大変強いつながりがあります。先に見た哲学者の井筒俊彦の若き日の代表作『神秘哲学』――この本の主題は、古代ギリシアの神秘思想の歴史を追うことでした――では、詩人は、哲学者の到来を「預言」する者として描かれています。そのひとりクセノファネスを井筒は、「詩人預言者」と呼んでいます。

古代ギリシア時代、詩も哲学も宗教すらも一なるものでした。紀元前にさかのぼらなくても、鎌倉時代、仏教に革命的な動きをもたらした人々、明恵、法然《ほうねん》、親鸞《しんらん》、道元《どうげん》らは、皆、和歌をよくする詩人であり、独創的な哲学者であり、宗教者でもありました。法然と親鸞、さらには一遍《いっぺん》を愛した柳宗悦が、詩と哲学と宗教を共に生きたのも自然なことでした。それはウィリアム・ブレイクも同じです。彼は詩人であり、画家であり、思想家でした。

哲学書のなかに詩が潜んでいるのは珍しいことではありません。それを見つけるのもむずかしくはないのですが、哲学と詩をあまりに明確に区別したままだと気が付きにくいかもしれません。晩年の池田晶子は、過ぎ行くものを「痛い」と感じる、というとても印象的な言葉を書いています。

過ぎ去って還《かえ》らないもの、失われて戻らないもの、その不在の感覚が、けれども春になると変わらずに咲く桜の花に、その満開に、鮮やかに痛いのでしょうね。

（前掲書）

この文章は詩的というよりも、詩そのもののように私には感じられます。ためしに先の一節を詩の形式に並べ替えてみると次のようになります。

過ぎ去って
還らないもの
失われて
戻らないもの
その不在の感覚が
けれども
春になると
変わらずに　咲く
桜の花に
その満開に

鮮やかに　痛い

詩は、言葉になり得ないものを、言葉を通じて感じ、認識することです。動揺、衝撃、感動、そして目覚めのあるところには必ず詩があるのです。

優れた哲学者たちが、詩人から示唆《しさ》を得ようとしてその作品を愛読したのも自然なことです。詩を読み、詩を書くことは、内なる詩人の眼を開くことですが、それは同時に内なる賢者を呼び覚ますことでもあるのです。

困ったとき、苦しいとき、悲しいときなど、さまざまなところに「詩」を見つけようとしてみるのがよいかもしれません。そして、どうしても探している言葉と出会うことができなければ、先に引いた永瀬清子《ながせきよこ》の「だましてください言葉やさしく」のように、私たちはそれを自分で書くこともできるのです。

むしろ、数千の市井の人々の詩情に貫かれた文章を読んできた経験からすると、人生を深みから照らし出す言葉を人は、他者の言葉よりも自分の言葉のなかに見出すようにすら思われるのです。

文章を「書く」、詩は「つむぐ」という感じがするのですが、本の場合は世に「送り出す」というのがもっとも実感に近いように思います。その現場には書き手だけでなく、編集者、校正者、装丁家も共にいる。

編集は白川貴浩さんに担当してもらえました。白川さんとは四冊目の本になります。編集は書き手のもっとも近くにいる同伴者でありながら、同時に最初の読者でもあります。

読み手の気持ちになって書き手に助言をする。一見すると当然のように感じられますが、人は誰もそれぞれの全生涯を背負って言葉を読んでいます。幾千のひとびとの心の核にあるものを感じながら、それを書き手に伝えるのは簡単なことではありません。もし、この本に良きところがあれば、編集者との協同のゆえです。

校正は、牟田都子さんにお願いできました。すでに十冊を超える仕事を共にしていますが、その力量が、毎回深まっていることに驚かされます。

校正は、「読む」仕事ですが、書かれたものを読んでいるだけではありません。書かれなかった言葉、書かれなくてはならなかった言葉も同時に読んでいます。それを前提にしつつ、書き手の誤りも指摘する。とても高度な仕事です。今回も大きな安心感のなかで仕事をさせていただきました。ここに深謝の気持ちを送りたいと思います。

装丁は、重実生哉さんにご担当いただきました。執筆、編集、校正の仕事は、装丁家の仕事によってまとめ上げられます。

よき装丁は、先の三者が、どのように働けたのかを言葉とは違ったかたちで表現してくれています。言葉を「本」に変貌させ、読み手のもとに送り届けるには「装丁」という「切手」を欠くことはできません。重実生哉さんとは初めての仕事でしたが、彼の作品はいくつも私の書架に並んでいます。この場を借りて、今回、共に本を生み出すことができた喜びと感謝を表したいと思います。

本書はもともと、NHKカルチャーラジオのテキストとして書き下ろされました。改めて書籍として刊行するにあたって、薄い本一冊分ほど加筆をしました。テキストの反響も小さくなく、重版をし、古書で高値が付いていました。多くの方に大切にしていただきました。

ラジオの収録もNHK文化センターの青山教室で、十人ほどの聴講者の皆さんと行い、それを編集して、放送しました。番組もテキストもとても多くの反響があり、各地で講演をしたときも、詩のラジオを聴きました、と声をかけていただいたことが一度ならずありました。

NHKカルチャーラジオを担当してくださった皆さん、講座の参加者、ラジオを聴いてくださった皆さんの支えがあって、この本が生まれました。改めて御礼申し上げます。講座の運営にあたってはNHK文化センターの加藤庸子さんに大変細かな心配りをいただきました。もう一つ、加藤さんに感謝しなくてはならないのは、タイトルに関してです。

当初、私はまったく違うものを考えていました。『詩と出会う　詩と生きる』という書名も加藤さんが講座の名称として提案くださったものがそのまま生きています。このことにも感謝申し上げます。

そのほかにも気が付かないところでさまざまな方から助力をいただいていると思います。一冊の本が生まれるにもじつに多くの人の参与があることを今回、改めて感じています。

最後に、「読むと書く」の講座の運営に携わっている仲間と講座の参加者の皆さんへの感謝を書き記したいと思います。

この講座には、知識だけを求めて参加している人はいないと思います。皆さん、それぞれの人生の一部を賭けて、教室に足を運んでくれています。その熱意によって支えられ、ペンを握り続けています。心からの御礼の気持ちを表わし、この本を世に送り出したいと思います。

二〇一九年六月七日　雨の日の朝、亡き詩人たちへの感謝と共に

若松英輔

詩と出会うためのブックガイド

はじめに

『希望よ あなたに 塔和子詩選集』塔和子著　編集工房ノア　二〇〇八年

第1章

『宝石の声なる人に』プリヤンバダ・デーヴィー／岡倉覚三著　大岡信／大岡玲編訳　平凡社ライブラリー　一九九七年

『東洋の理想』岡倉天心著　講談社学術文庫　一九八六年

『平家物語』角川書店編　角川ソフィア文庫　二〇〇一年

第2章

『方丈記』鴨長明著　浅見和彦校訂・訳　ちくま学芸文庫　二〇一一年

『古今集・新古今集』大岡信著　学研M文庫　二〇〇一年

『中原中也全詩集』中原中也著　角川ソフィア文庫　二〇〇七年

第3章

『新版 小林秀雄 越知保夫全作品』越知保夫著　若松英輔編　慶應義塾大学出版会　二〇一六年

『新版 古今和歌集 現代語訳付き』高田祐彦訳注　角川ソフィア文庫　二〇〇九年

『万葉集 全訳注原文付 一〜四』中西進著　講談社文庫　一九七八〜八三年

『武士道』新渡戸稲造著　矢内原忠雄訳　岩波文庫　二〇〇七年

第4章

『子規を語る』河東碧梧桐著　岩波文庫　二〇〇二年
『漱石・子規 往復書簡集』夏目漱石／正岡子規著　和田茂樹編　岩波文庫　二〇〇二年
『歌よみに与ふる書』正岡子規著　岩波文庫　一九八三年
『墨汁一滴』正岡子規著　岩波文庫　一九八四年

第5章

『自註 鹿鳴集』会津八一著　岩波文庫　一九九八年
『内村鑑三信仰著作全集5』内村鑑三著　教文館　一九六二年
『新古今和歌集 上・下』久保田淳訳注　角川ソフィア文庫　二〇〇七年
『寒蟬集』吉野秀雄著　短歌新聞社　一九九三年
『やわらかな心』吉野秀雄著　講談社文芸文庫　一九九六年

第6章

『宮沢賢治全集1『春と修羅』『春と修羅』補遺「春と修羅 第二集」』宮沢賢治著　ちくま文庫　一九八六年
『宮沢賢治全集5 貝の火 よだかの星 カイロ団長ほか』宮沢賢治著　ちくま文庫　一九八六年
『宮沢賢治全集7 銀河鉄道の夜 風の又三郎 セロ弾きのゴーシュ ほか』宮沢賢治著　ちくま文庫　一九八五年

第7章

『詩人の手紙』ジョン・キーツ著　田村英之助訳　冨山房百科文庫　一九七七年
『キーツ詩集』ジョン・キーツ著　中村健二訳　岩波文庫　二〇一六年
『萩原朔太郎詩集』萩原朔太郎著　三好達治編　岩波文庫　一九八一年
『八木重吉全集 第二巻』八木重吉著　筑摩書房　二〇〇〇年

『八木重吉詩画集』八木重吉詩　井上ゆかり絵　童話屋　二〇一六年

第8章

『明石海人歌集』明石海人著　村井紀編　岩波文庫　二〇一二年
『点滴ポール 生き抜くという旗印 岩崎航詩集』岩崎航著　齋藤陽道写真　二〇一三年　ナナロク社
『日付の大きいカレンダー 岩崎航エッセイ集』岩崎航著　ナナロク社　二〇一五年

第9章

『生きがいについて』神谷美恵子著　みすず書房　二〇〇四年
『こころの旅』神谷美恵子著　みすず書房　二〇〇五年
『新版 うつわの歌』神谷美恵子著　みすず書房　二〇一四年
『闇を光に ハンセン病を生きて』近藤宏一著　みすず書房　二〇一〇年
『島の四季 志樹逸馬詩集』志樹逸馬著　編集工房ノア　一九八四年

第10章

『小林秀雄全作品20 ゴッホの手紙』小林秀雄著　新潮社　二〇〇四年
『コルシア書店の仲間たち』須賀敦子著　白水社　二〇〇一年
『ユルスナールの靴』須賀敦子著　白水社　二〇〇一年
『ミラノ 霧の風景』須賀敦子著 白水社 二〇〇一年
『須賀敦子全集 第5巻『イタリアの詩人たち』、『ウンベルト・サバ詩集』ほか』須賀敦子著　河出文庫　二〇〇八年
『須賀敦子全集 第3巻『ユルスナールの靴』『時のかけらたち』『地図のない道』『エッセイ／1993〜1996』須賀敦子著　河出文庫　二〇〇七年

第11章

『緑色の太陽 芸術論集』高村光太郎著　岩波文庫　一九八二年

『智恵子抄』高村光太郎著　新潮文庫　二〇〇三年

『草枕』夏目漱石著　新潮文庫　二〇〇五年

第12章

『民藝四十年』柳宗悦著　岩波文庫　一九八四年

『リルケ書簡集〈第一〉〈第二〉』リルケ著　高安国世他訳　人文書院　一九六八年

『ドゥイノの悲歌』リルケ著　手塚富雄訳　岩波文庫　二〇一〇年

『若き詩人への手紙 若き女性への手紙』リルケ著　高安国世訳　新潮文庫　二〇〇七年

第13章

『大手拓次全集 第一巻 詩』大手拓次著　白凰社　一九七〇年

『大手拓次全集 第五巻 日記・書簡他』大手拓次著　白凰社　一九七一年

『大手拓次詩集』大手拓次著　原子朗編　岩波文庫　一九九一年

第14章

『ブレイク詩集』ブレイク著　寿岳文章訳　岩波文庫　二〇一三年

『柳宗悦全集 第四巻』柳宗悦著　筑摩書房　一九八一年

『南無阿弥陀仏 付 心偈』柳宗悦著　岩波文庫　一九八六年

『柳宗悦コレクション3 こころ』柳宗悦著　日本民藝館監修　ちくま学芸文庫　二〇一一年

第15章

『短章集』永瀬清子著　思潮社　二〇〇七年

『短章集 続』永瀬清子著　思潮社　二〇〇八年

『永瀬清子詩集』永瀬清子著　思潮社　一九九〇年
『来者の群像』木村哲也著　編集室水平線　二〇一七年
『降りつむ　DVD付　皇后陛下美智子さまの英訳とご朗読』宮内庁侍従職監修　毎日新聞出版編　毎日新聞出版　二〇一九年
『かく逢った』永瀬清子著　編集工房ノア　一九八一年

おわりに

『暮らしの哲学』池田晶子著　毎日新聞社　二〇〇七年
『事象そのものへ！』池田晶子著　トランスビュー　二〇一〇年

著者おすすめの詩集など

『石牟礼道子全句集　泣きなが原』石牟礼道子著　藤原書店　二〇一五年
『茨木のり子詩集』茨木のり子著　谷川俊太郎選　岩波文庫　二〇一四年
『折々のうた』大岡信著　岩波新書　一九八〇年
『ハンセン病文学全集6（詩一）・7（詩二）』大岡信責任編集　皓星社　二〇〇三年
『建礼門院右京大夫集』建礼門院右京大夫著　糸賀きみ江全訳注　講談社学術文庫　二〇〇九年
『自選　谷川俊太郎詩集』谷川俊太郎著　岩波文庫　二〇一三年
『原民喜全詩集』原民喜著　岩波文庫　二〇一五年
『みだれ髪』与謝野晶子著　新潮文庫　二〇〇〇年

本書は「NHKカルチャーラジオ 文学の世界 詩と出会う 詩と生きる」(2018年1~3月)のガイドブックを大幅に加筆し、新章を書き下ろしたものです。

装丁 重実生哉
校正 牟田都子
編集 白川貴浩

若松英輔　わかまつ・えいすけ

1968年新潟県生まれ。批評家、随筆家。東京工業大学リベラルアーツ研究教育院教授。慶應義塾大学文学部仏文科卒業。2007年「越知保夫とその時代 求道の文学」にて第14回三田文学新人賞評論部門当選、2016年『叡知の詩学 小林秀雄と井筒俊彦』（慶應義塾大学出版会）にて第2回西脇順三郎学術賞受賞、2018年『詩集 見えない涙』（亜紀書房）にて第33回詩歌文学館賞詩部門受賞、『小林秀雄 美しい花』（文藝春秋）にて第16回角川財団学芸賞受賞。著書に『イエス伝』（中央公論新社）、『魂にふれる 大震災と、生きている死者』（トランスビュー）、『生きる哲学』（文春新書）、『霊性の哲学』（角川選書）、『悲しみの秘義』（ナナロク社）、『内村鑑三 悲しみの使徒』（岩波新書）、『種まく人』『詩集 幸福論』『詩集 燃える水滴』『常世の花 石牟礼道子』（以上、亜紀書房）、『NHK出版 学びのきほん 考える教室 大人のための哲学入門』（NHK出版）など多数。

詩と出会う 詩と生きる

2019年7月25日　第1刷発行

著者――若松英輔

発行者――森永公紀

発行所――NHK出版
〒150-8081 東京都渋谷区宇田川町41-1
電話 0570-002-042（編集）
0570-000-321（注文）
ホームページ http://www.nhk-book.co.jp
振替 00110-1-49701

印刷・製本――光邦

Printed in Japan　ISBN978-4-14-081784-1　C0092